U0114621

驀然回首

吳文彬的八八自述

◎著作/吳文彬著　◎編輯/吳傑

寫在前面

────

吳　傑

先父吳文彬在八十歲的時候（2003 年），出版了一本小冊子，定名為「驀然回首」，記錄當時他自己人生的一些工作、回顧與感嘆。然而，十年後（2013 年）他過世了，在他的遺物中，我發現了他原本在民國 100 年時（2011年）準備要出版另外一本「驀然回首」！看草稿，他似乎原本想要把這本民國 100 年的「驀然回首」定名為八八自述，但是似乎又改變主意了。

經過數次的修改，大約前後歷經了兩年時間，我終於把這些文章給收集完成了，接下來我就想設法把這一本「驀然回首－吳文彬的八八自述」給編輯起來。編輯的內容大體都尊重老爹的本意，同時我也加上了一些我的意見。因此，請您閱讀上留意。

下圖所顯示的就是「驀然回首」的這本小冊子的原貌，以及後來先父自行修改的樣子。現在，我謹就在這裡，設法將先父的「驀然回首－八八自述」給呈現出來。

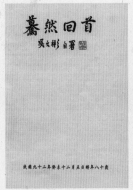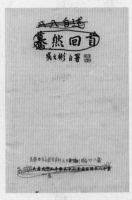

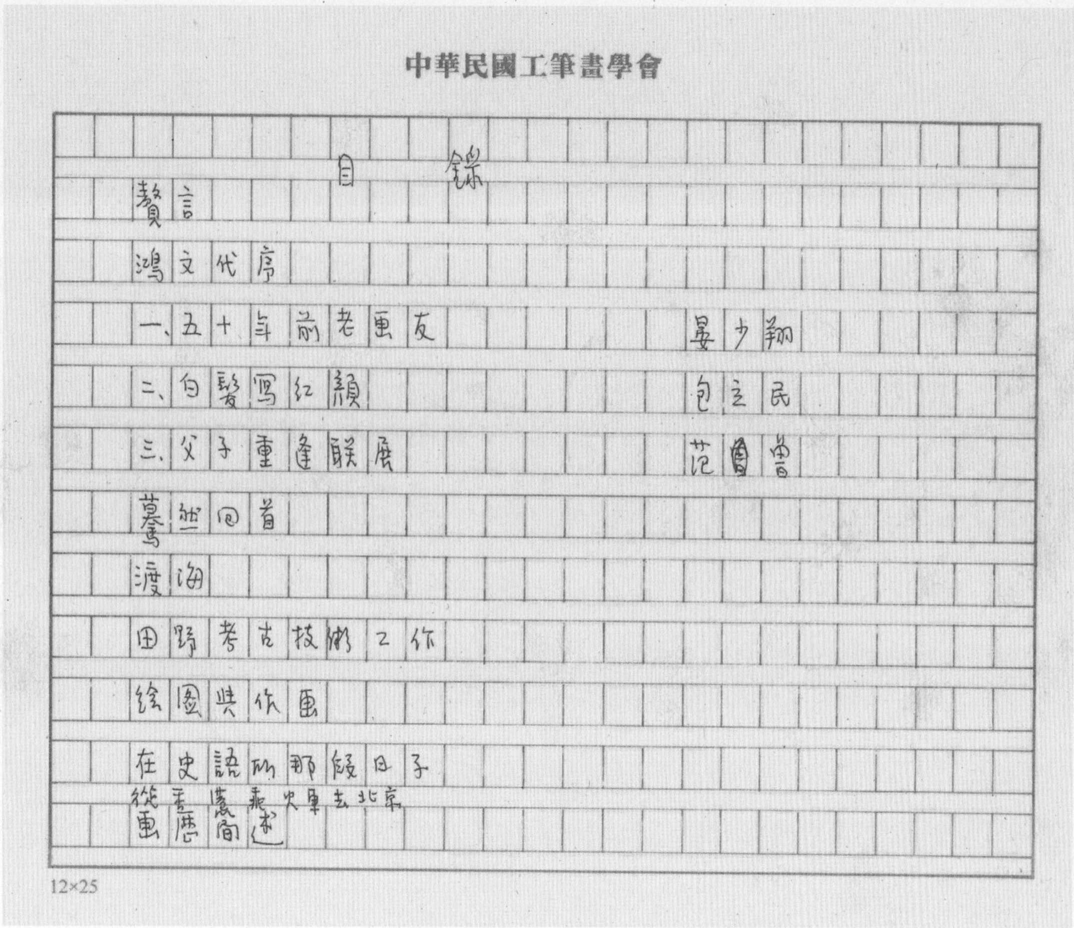

中華民國工筆畫學會

目　　錄

贅言

鴻文代序

一、五十年前老畫友　　　　　　晏少翔

二、白髮寫紅顏　　　　　　　　包立民

三、父子重逢聯展　　　　　　　范曾曾

驀然回首

渡海

田野考古技術工作

絵圖獎作圖

在史語所那段日子

從秦曆篆宙乘火車去北京

12×25

上圖所顯示的是先父自行編輯的目錄，由這份目錄中可以得知，他計畫納入的文章內容，這其中大多已經被納入到八十歲的「驀然回首」之內。因此，我構想再多加入其他的文章，以彰顯他的一生，尤其是對於傳統工筆畫的推動。

因此，這本書的出版，其用意就很明白！就是希望告訴大家，家父的一生，做了哪些事情，經歷了哪些事情，他對於自身的堅持，還有他的愛好。期望這本書的出版，可以引導後輩。我們為他準備的出版品，讓未來的讀者們，更清晰的理解，這位老先生的堅持與努力。

吳傑
2017 年 4 月 24 日於汐止家中

目　錄

寫在前面　　　　　　　　　　　　　　　2

目錄　　　　　　　　　　　　　　　　　4

贅言　　　　　　　　　　　　　　　　　6

鴻文代序・五十年前的老畫友　晏少翔　　8

鴻文代序・思路相通　孫其峰　　　　　12

鴻文代序・父子重逢聯展　范曾　　　　18

鴻文代序・白髮寫紅顏　包立民　　　　20

鴻文代序・戲說人生　鄭又嘉　　　　　22

鴻文代序・七十回顧展序　劉欓河　　　28

驀然回首・時年八十　吳文彬　　　　　32

工筆畫學會創會的心路歷程　吳文彬　　40

渡海・時年八十八，民國一百年　吳文彬　44

在史語所的那段日子　吳文彬　　　　　46

繪圖與作畫　吳文彬　　　　　　　　　54

田野考古技術工作　吳文彬　　　　　　60

從香港乘火車去北京　吳文彬　　　　　94

吳文彬的人生里程　吳傑　　　　　　　98

吳文彬的線上紀念館　吳傑　　　　　102

驀然回首

吳文彬的八八自述

贅言

吳文彬

在八十歲那年，寫了一篇自述，題為《驀然回首》，又過了八年，八十八歲人稱「米壽」，耄耋之年，往事仍歷歷如繪，時事卻常常忘記，老人失憶是通病，因此趁沒有全部失憶，何不記錄下來，想到此處便七拼八湊的輯成這本小冊，此生無大志，談不到成就，更不敢自負，惜福之餘，生活無憂，已是無限感恩與滿足。

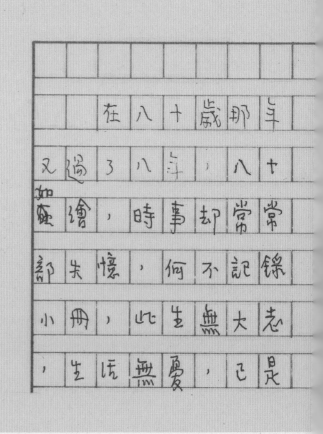

中華民國工筆畫學會

贅　言

，寫了一篇自述，題為《驀然回首》，

八歲人稱「米壽」，耄耋之年，往事仍應應

忘記，老人失憶是通病，因此趁沒有全

下來，想到此處便七拼八湊的輯成這本

，談不到成就，更不敢自負，惜福之餘

無限感恩與滿足。

五十年前的老畫友

晏少翔

1989 年偶然翻閱台灣出版的《當代美人畫選》見到吳文彬的作品，得知五十年前的老畫友吳文彬在中央研究院工作，當即寫信給他，從此取得聯繫，書信往來頻繁，他曾兩次帶學生專程來瀋陽會晤。

回憶當年抗戰時期，北京雖然社會蕭條，物資貧乏，但傳統中國畫從滿清到民國，這一復甦時期，仍處於方興未艾之際，全國各地對書畫的愛好和收藏已蔚為風氣，加以工商企業界競相收藏名家書畫，書畫仲介者活躍於京、津、滬、漢、穗等大都市，以北京琉璃廠一地，即有榮寶齋、倫池齋、銘泉閣、晉秀齋、欣生堂、修竹齋、豹文齋等十餘家南紙店代理時賢書畫，僅榮寶齋一家，在全國各地廣設分號，書畫家有很大活動空間。

當時的藝術學府在北京有：國立藝專、私立輔仁大學美術系、京華美專、華北大學美術系、北華美專等。藝術社團有：中國畫學會、湖社畫會、雪廬畫會、四友畫會、林寶馨畫會等。

中國畫學會和湖社畫會，在辛亥革命之後，對中國畫有了承先啟後的作用。每當春秋兩季，照例在北京中山公園舉辦藝術雅集，藉牡丹菊花盛開時，園內社稷壇大殿，東隅董事會大廳，西面柏樹林蔭春明館畫廊，南端水榭南北廳，有接連不斷的畫展，此時此地正是文人雅士留連忘返的場所。

我與鍾質夫、季觀之兩位學友，就在這種傳統藝術發展的需要形勢之下，共同組織了「雪廬畫會」。當時曾敦請黃

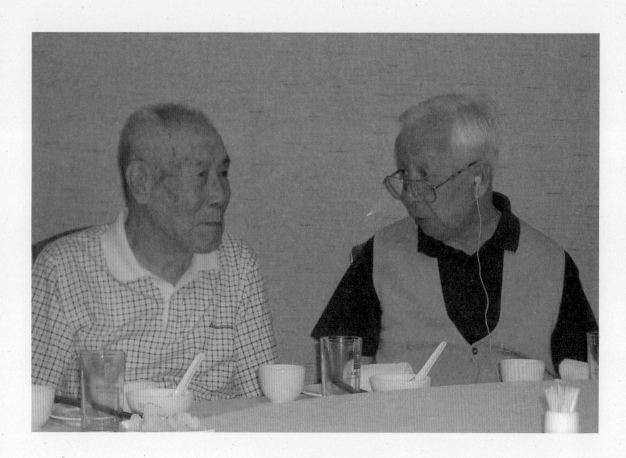

賓虹大師講授繪畫理論，金禹民先生示範金石篆刻，當代名家如：壽石工、陸鴻年、啓功、田世光、張其翼、金哲公，經常註足「雪廬」，學生超過百人，爲北京最具規模國畫社團之一。

文彬就是其中一員，當時他正讀中學，爲人謙謹勤奮，質樸好學，他的父親岐山先生，也是一位書畫愛好者，曾記得一九四四年八月爲吳先生畫過兩面摺扇面和一幅屏條。

文彬習畫，對傳統技法十分重視，對歷代名作，曾有系統的認眞臨摹研究如：吳道子「天王送子圖」、唐人「遊騎圖」、梁楷「十六應眞」、李龍眠「五馬圖」爲他線描打下了堅實的基礎，繼而在臨摹蘇漢臣「五瑞圖」、宋人「拜月圖」、元人「文姬歸漢」等從中吸取工筆重彩中構思和佈局的技法。

這張照片應該是拍攝於 2004 前後的。晏老師於2014 年 1 月仙逝，正好是父親過世後的半年。

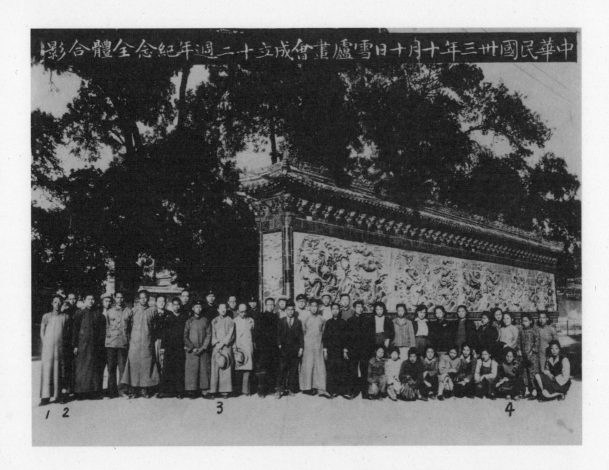

中華民國卅三年十月十日雪廬畫會成立十二週年紀念全體合影

在五年學習中，無論風雨甚至雪天，從無間斷，每天從學校下課，再趕來「雪廬」，常常到晚間八九點鐘騎上單車回家，這對當時只有十七歲的他來說，所投下的苦功，在今天的學生中是很難做到的，或許正是這種不畏艱辛的精神，才為他今天的成就奠定了基礎。

1944 年他高中畢業考取國立藝專國畫科，從溥松窗，劉凌滄繼續深造，時常來「雪廬」看我，不久時局不定聽說他舉家南遷，直到 1989 年我們取得聯繫。

1990 年大陸舉辦現代中國畫作品展，文彬有兩幅作品參展，一幅「白描仕女」，另一幅「紅葉仕女」，看後為之

民國三十三年雪廬畫會成立十二周年，編號一是鍾質夫先生，編號二是晏少翔先生，編號三是吳文彬先生，編號四是李鵑女士，李女士也是少數抵台的畫會人士之一。

一振，白描畫得很地道，用筆用墨恰到好處，線條流暢極見功力，堪稱佳作，看出領悟到唐宋人筆墨精髓，加之多年在中央研究院工作，得到更多薰陶，並且在教學創作中不斷實踐形成今天個人風貌，「紅葉仕女」被魯迅美術學院收藏。

近三年來兩岸文化藝術不斷交流，特別是在推動臺灣傳統藝術發展，文彬都是不遺餘力的，更應提及的是文彬為促成兩岸工筆畫大展的實現，編輯出版工筆畫大展專輯，不辭辛勞，花費了大量的時間和精力，兩次親來瀋陽多方奔走得以實現，工筆畫大展的展出和專輯的出版，確已得到兩岸專業人員的肯定和讚許，誠如序言中張俊傑館長所說：「這次畫展是臺灣光復至今，最具規模高水準的工筆畫大展。」

海峽兩岸自通郵以來，翔與文彬對兩地的國畫發展形式交流，現階段彼此專業的切磋，以書信方式時有往還，前輩詩書畫家，嘗有以書畫合作，詩歌酬唱，藉以切磋舒懷，目前苦於相隔萬里，不能促膝暢談，採取以畫敘情，藉郵寄往來合筆作畫，以釋思念之情。

聞臺灣省立美術館將為文彬舉辦七十回顧展，翔不能親來參加盛舉，謹以蕪文為賀，願展出成功！

晏少翔
於瀋陽魯迅美術學院 1994 年 10 月時年八十有一

鴻文代序

思路相通

孫其峰

1944 年正值對日抗戰末期，就在這兵荒馬亂的時代裡，我和文彬同時進入國立北平藝專國畫科，我們都有一點國畫基礎，對學校的功課沒有感到吃力，只是社會環境有了改變。

從學校分手至今，將近五十年，半個世紀不通音信，直到 1990 年才知道老同學吳文彬現在台北，很快我們取得聯繫，不久文彬親自帶領了二十多位畫道朋友來到津門，久別重逢已是滿頭白髮。

多年來文彬依然熱衷工筆畫，他組織了「工筆畫學會」，有意把兩岸畫家拉在一起，籌辦「海峽兩岸名家工筆畫大展」，他不辭辛勞，為這件事四處奔走。

1994 年春節過後，工筆畫大展在台北中正藝廊展出了。這是一座剛啓用不久的國家級畫廊，展出一個月，佳評如潮，在兩岸美術交流方面，成功的邁進一大步，是非常可喜的一件事。

文彬來信說：臺灣省立美術館，將要為他舉辦七十回顧展，展出到臺灣以後的作品，文彬擅長工筆人物畫，早年從晏少翔教授習畫，入藝專以後隨溥佺老師習山水，趙夢朱師習花鳥。「質伯」之號即是溥老師所取。

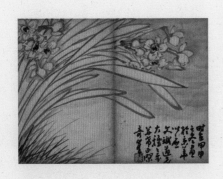

在父親的遺物中，其實還有孫先生在 1944 年繪贈給父親的冊頁！

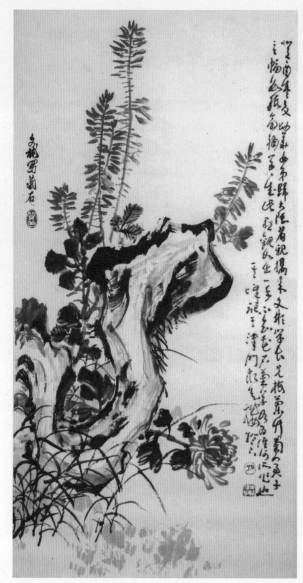
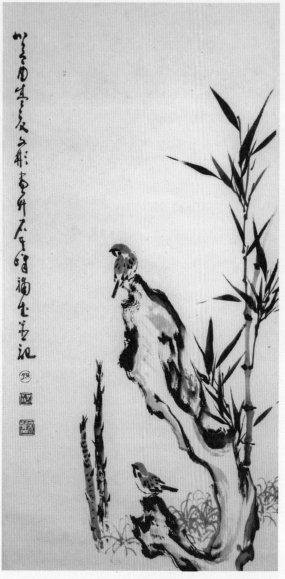

據文彬談及到台灣之後，勤寫水墨四君子，藉此熟練用筆，曾經寫過丈六蘭竹長卷。

去歲門人朱幼華小姐自臺灣來此，攜來文彬所寫竹石及菊石各一幅，信手補繪麻雀，長笋，一串紅，乍看竟似出自一人之手，千里相隔心境思路相通。謹此預祝展覽成功，兩岸美術交流更上層樓。

信中提到的竹石與菊石，經過他的信手補繪，竟然看似出自一人之手。這樣的情誼，估計也是非常少見的！

孫其峰於天津美術學院
1994 年 **7** 月

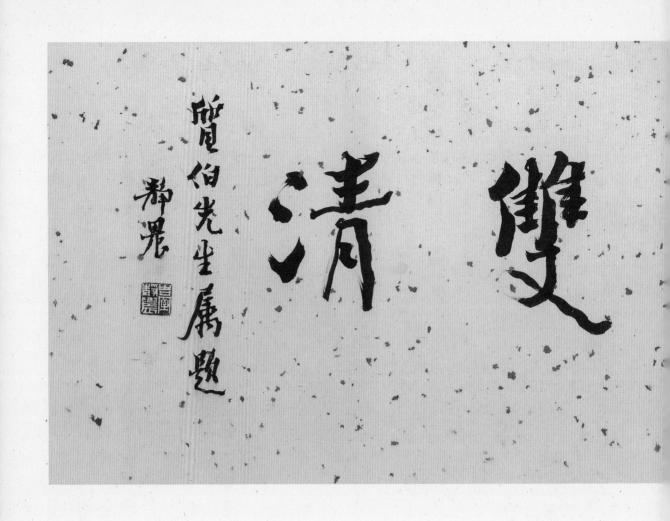

雙清

質伯先生屬題

靜農

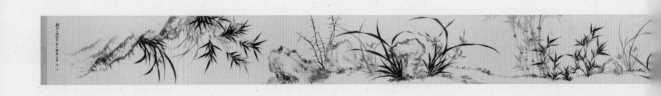

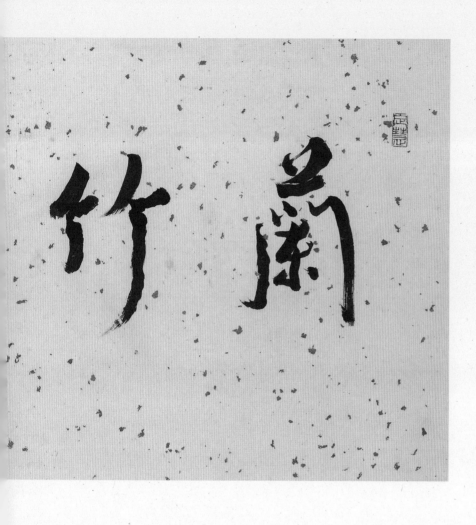

圖上：還有，孫先生信上所提到的「丈六
蘭竹長卷」，原作完成於 1979 年，經過
台靜農教授提字─「蘭竹雙清」，展出於
七十回顧展。作品全寬約 548 公分，高約
35 公分。應該是近年非常少見的大型卷軸。
圖下：「丈六蘭竹長卷」一覽圖。

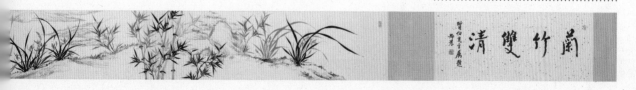

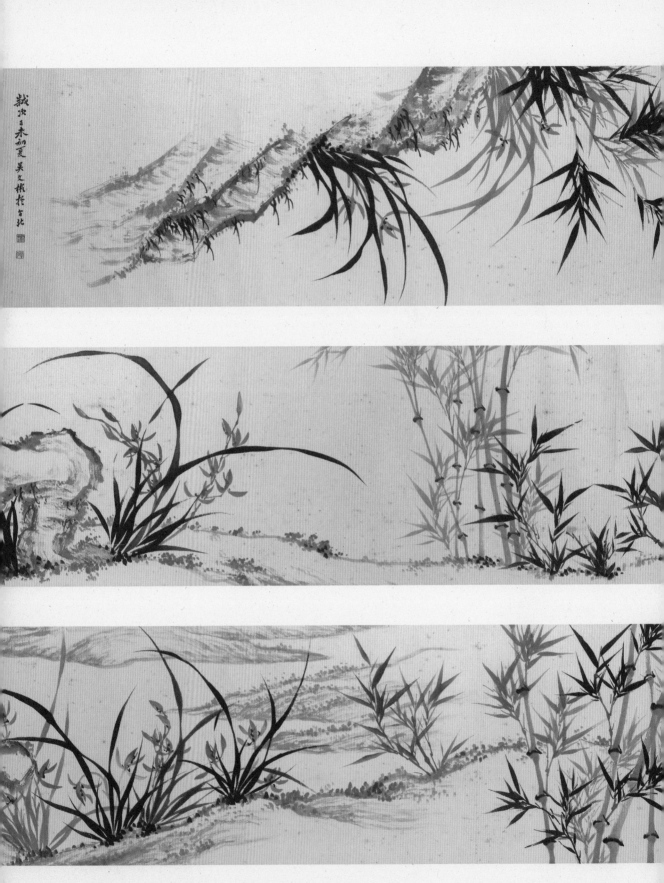

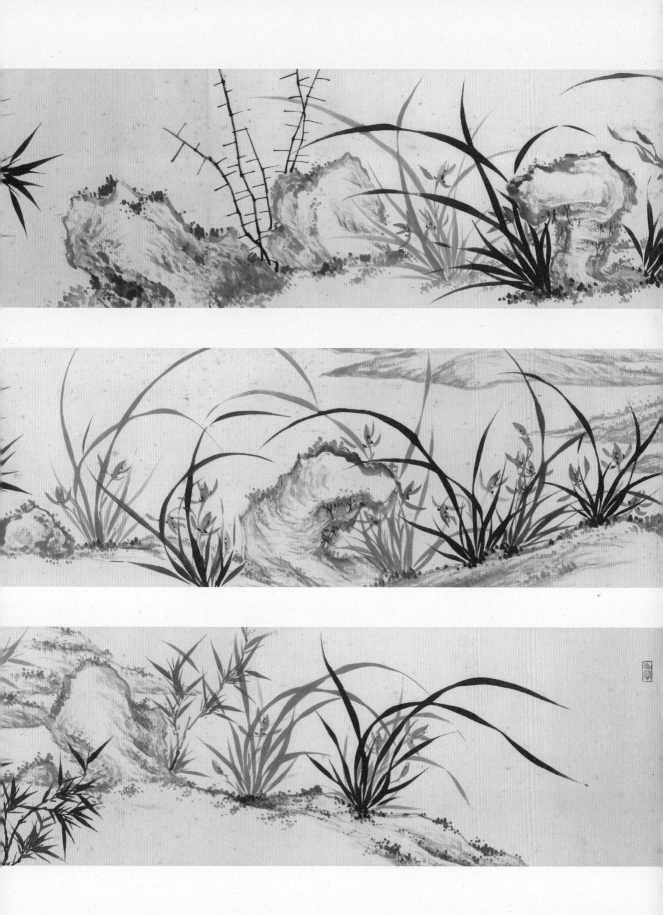

父子重逢聯展

范曾

與墨麟之翰墨結緣已四十載矣，其藝術之誠懇，可謂焚膏以繼，暑暑無一日懈怠，勇猛精進直抵古賢庭廡面貌，自具不待辦其門戶，筆墨獨特之處，真所謂無古無今自成家數。乃翁志向澹泊悠遠，宜稱質伯，而儒雅風範仲尼所贊：文質彬彬然後君子者也，於工筆人物上承虎頭下接李公麟仇英，與並世諸公陳少梅晏少翔推為三傑，質伯吳文彬赴寶島，與墨麟睽違六十年，八十四高齡鶴髮童顏筆耕不輟，世人嘆服非無由也，今文彬先生與墨麟吾兄聯展，共期潮平兩岸闊，謹致深禱。

戊子 范曾

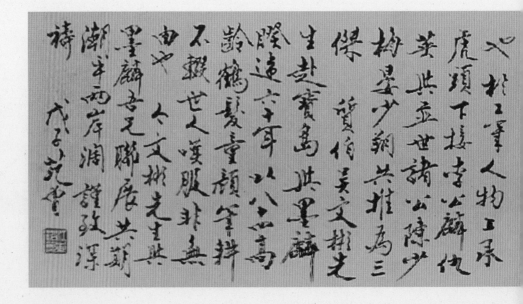

這部序文，是刊登於父子聯展的畫冊上。
事實上，這次的父子聯展，父親是有許多
的不悅。不過，也都過去了。重點是，尊
重他老人家的想法，把這部序文放在這裡。

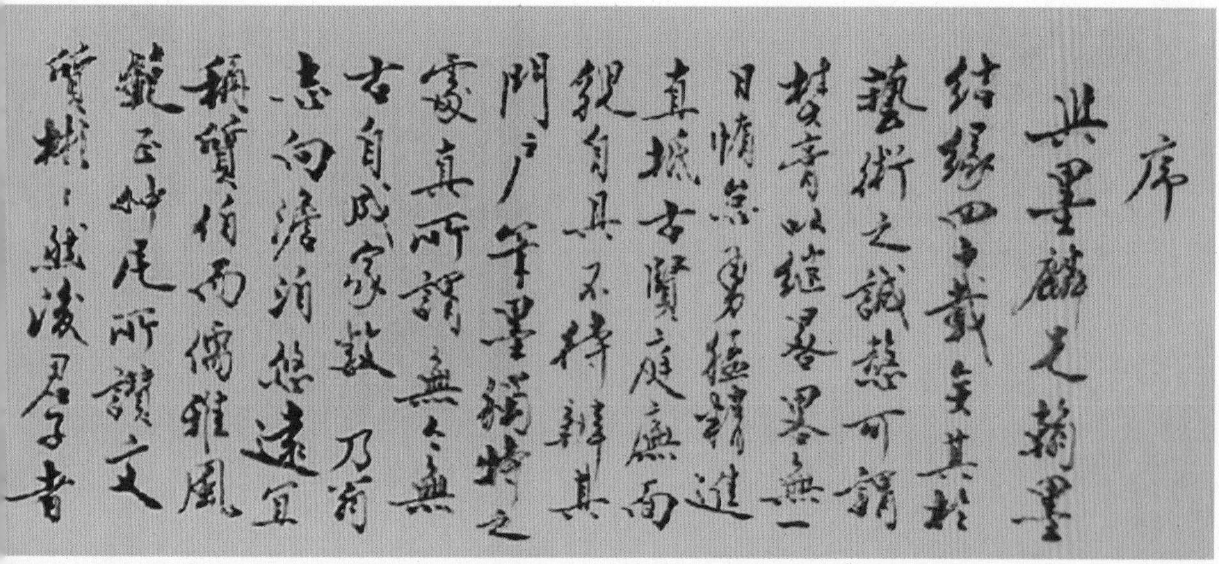

序

此墨麟之翰墨

結緣四十載矣其於

藝術之誠慈可謂

替青以繼吾吾無一

日惰宗勇極精進

真城古賢庭廡而

猶自具不待辭其

門戶年墨獨特之

寰真所謂無人無

古自成家故　乃前

志向潛泊悠遠宜

稱質伯兩儒雅風

範至妙尾所讚文

質彬・齓後居子書

驀然回首 吳文彬的八八自述 │ 父子重逢聯展

鴻文代序
白髮寫紅顏

————

包立民

台北畫家入盟《百美圖》，吳文彬先生是首席，在 2003 年（癸未）初，較孫家勤早一點。

新世紀初，因北京開派人物畫家徐燕孫的門人李大成介紹，通信結識了台北《工筆畫》刊物主編吳文彬。《工筆畫》是台北工筆畫學會會員自籌經費創辦非營利性專業刊物（相當於大陸的內部交流刊物），創辦於 1996 年。吳文彬是工筆畫學會的理事長。談及創刊，吳先生信中說：「我們做事，一人獨挑（包括組稿、編校印刷），一分錢的待遇也沒有，有時還要賠上車費、郵費，大家同過苦日子，就是爲那麼一點理想。」什麼理想？發展工筆畫藝術的理想！上世紀八十年代，北京工筆重彩畫會會長潘絜茲也提出了振興工筆重彩的口號，並出任《中國畫》主編。爲了藝術事業，年逾古稀，已退休的吳文彬當了三年義工。會員們爲了表彰他這種精神，1999 年爲他出了一期《工筆畫學會理事長吳文彬先生卸任專刊》，這一年正好也是他從藝六十周年。

從信中獲悉，吳先生出生於北平（孫家勤也出生北平，兩位〝台籍〞美人均是北京生人）。中學時代就喜歡繪畫，曾參加雪廬畫社，就學於晏少翔，習工筆人物畫，高中畢業後又考入北平藝專國畫系，是一個科班出身的工筆畫家。赴台後重操舊業，重提畫筆。於是萌生了請他入盟《百美圖》續編的想法。寄贈了一套《百美圖》投石問路。

不久收到了吳先生的來信和自畫像。他信中寫道：「尊著《百美圖》已奉到，立即逐圖拜閱。見有黃均教授畫像，黃教授爲弟就讀藝專時的老師，入學考試時，對弟口試，

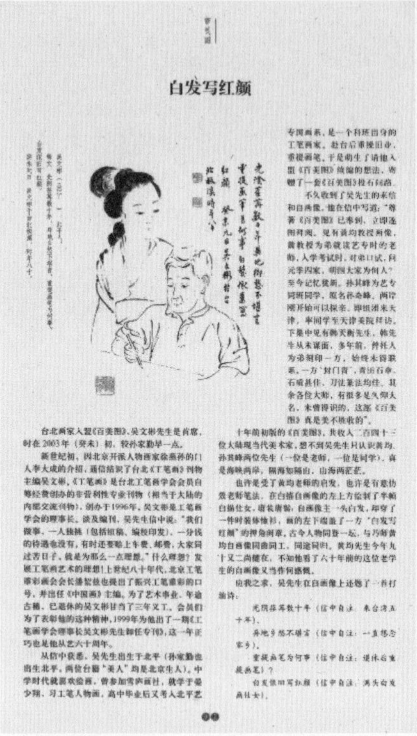

白发写红颜

台北画家入盟《百美图》，吴文彬先生是首席，时在2003年（癸未）初，较孙家勤早一点。

新世纪初，因北京开派人物画家徐燕孙的门人李大成的介绍，通信结识了台北《工笔画》刊物主编吴文彬。《工笔画》是台北工笔画学会会员自筹经费创办的非营利性专业刊物（相当于大陆的内部交流刊物），创办于1996年。吴文彬是工笔画学会的理事长。谈及编刊，吴先生信中说："我们做事，一人独揽（包括组稿、编校印发），一分钱的待遇也没有，有时还要贴上车费、邮费，大家同过苦日子，就是为那么一点理想。"什么理想？发展工笔画艺术的理想！上世纪八十年代，北京工笔重彩画会会长潘絜兹也提出了振兴工笔重彩的口号，并出任《中国画》主编。为了艺术事业，年逾古稀、已退休的吴文彬甘当了三年义工。会员们为了表彰他的这种精神，1999年为他出了一期《工笔画学会理事长吴文彬先生卸任专刊》，这一年正巧也是他从艺六十周年。

从信中获悉，吴先生出生于北平（孙家勤也出生北平，两位台籍"美人"均是北京生人）。中学时代就喜欢绘画，曾参加雪庐画社，就学于晏少翔，习工笔人物画，高中毕业后又考入北平艺专国画系，是一个科班出身的工笔画家。赴台后重操旧业，重提画笔，于是萌生了请他入盟《百美图》续编的想法，寄赠了一套《百美图》投石问路。

不久收到了吴先生的来信和自画像。他在信中写道："尊著《百美图》已奉到，立即逐幅拜阅。见有黄均教授画像，黄教授为弟就读艺专时的老师，入学考试时，对弟口试，问元季四家，明四大家为何人？至今记忆犹新。孙其峰为艺专同班同学，原名孙奇峰。两岸刚开始可以探亲，即组团来天津，率同学至天津美院拜访。下集中见有韩天衡先生，韩先生从未谋面，多年前，曾托人为弟刻印一方，始终未得联系。一方'封门青'，青田石章，石质甚佳，刀法篆法均佳。其余各位大师，有很多是久仰大名，未曾得识的，这部《百美图》真是美不胜收的"。

十年前初版的《百美图》，共收入二百四十三位大陆现当代美术家，想不到吴先生只认识黄均、孙其峰两位先生（一位是老师，一位是同学），真是海峡两岸，隔海如隔山，山海两茫茫。

也许是受了黄均老师的启发，也许是有意仿效老师笔法，在白描自画像的左上方绘制了半帧白描仕女，唐装唐髻；自画像主一头白发，却穿了一件时装体恤衫，画的左下端盖了一方"白发写红颜"的押角闲章。古今人物同登一坛，与乃师黄均自画像同曲同工，同途同归。黄均先生今年九十又二尚健在，不知他看了六十年前的这位老学生的自画像又当作何感慨。

应我之求，吴先生在自画像上还题了一首打油诗：

光阴荏苒数十年（信中自注：来台湾五十年），

异地乡愁不堪言（信中自注：一直想念家乡），

重提画笔为何事（信中自注：退休后重提画笔）？

白发依旧写红颜（信中自注：满头白发画仕女）。

包立民先生於 2007 年 8 月 1 日，在山東畫報出版社出版了一本「百美圖」。這本書介紹了當代的許多藝術家的自畫像，也加上敘述。為了尋找這本書的下落，我驚動了中央研究院歷史語言研究所傅斯年圖書館的林妙樺女士，很不好意思。最後還是在家裡找出了這一本書，做成了這一個紀錄。

問元季四家，明四大家爲何人？至今記憶猶新。孫其鋒爲藝專同班同學，原名孫奇峰。兩岸剛開始可以探親，即組團來天津，率同學至天津美院拜訪。下集中見有韓天衡先生，韓先生從未謀面，多年前，曾託人爲弟刻印一方，始終未得聯繫。一方“封門青”，青田石章，石質甚佳，刀法篆法均佳。其餘各位大師，有很多是久仰大名，未曾得識的，這部《百美圖》眞是美不勝收的」。

十年前初版的《百美圖》，共收入二百四十三位大陸現當代美術家，想不到吳先生只認識黃均、孫其峰兩位先生（一位是老師，一位是同學），眞是海峽兩岸，隔海如隔山，山海兩茫茫。

也許是受了黃均老師的啓發，也許是有意仿效老師的筆法，在白描自畫像的左上方繪製了半幀白描仕女，唐裝唐髻；自畫像主一頭白髮，卻穿了一件時裝體恤衫，畫的左下端蓋了一方〝白髮寫紅顏〞的壓角閒章。古今人物同登藝壇，與乃師黃均自畫像同曲同工，同途同歸。黃均先生九十又二尚健在，不知他看了六十年前的這位老學生自畫像又當作何感慨。

應我之求，吳先生在自畫像上還題了一首打油詩：

光陰荏苒數十年（信中自注：來台灣五十年），

異地鄉愁不堪言（信中自注：一直想念家鄉）。

重提畫筆爲何事（信中自注：退休後重提畫筆）？

白髮依舊寫紅顏（信中自注：滿頭白髮畫仕女）。

戲說人生
———

鄭又嘉

渡海來台的書畫家中，對人物畫情有獨鍾，長期默默耕耘，一路走來始終如一者，非高齡八十四歲的吳文彬莫屬。和善敦厚、笑容滿面的吳文彬，在一個微雨的冬天早晨於家中接受本刊專訪，娓娓道來早年在北平藝專習畫經過，以及大時代下流離顛沛的人生，在幽默風趣的輕描淡寫中，竟是那樣的驚心動魄。

北平雪廬畫會、北平藝專的學習歷程

1924 年出生於北平市的吳文彬，幼年隨家人居住天津，嘗從鄰居李喆生習畫梅花。抗戰初期，天津水患，舉家遷返 北平故居，常隨父親到中山公園飲茶參觀畫展，於是對國畫漸有認識，就讀初中時便參加北平雪廬畫會，從晏少翔學習工筆人物畫，並在習畫五年後於中山公園春明館舉行成果展。

中學畢業，**1944** 年對日抗戰末期，吳文彬考入國立北平藝專國畫科就讀，他直言在藝專時自己個性很不隨和，他回憶道：「次年抗戰勝利，王石之校長走了，學校沒了校長，課就隨便上，當時的學習動力靠的完全是學生與老師之間的感情，與學校完全無關，當時老師有羅復堪和壽石工，遇到羅復堪老師的課，學生從一樓便一路攙扶老師進教室，教室裡更早泡好一壺熱茶等著老師開始上課。

好不容易等到新校長來了，內心期望著能聘請北京的水墨畫家們來授課，在南京的教育部卻糊糊塗塗的派了徐悲鴻來當校長，硬是把原來的好老師全給解聘了，把國畫課改成油畫課，素描從隨意上變成每天上，老師如溥佺、溥忻、李智超、田世光等發起抗爭，學生罷課。

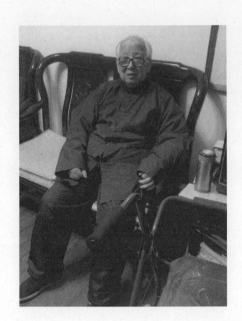

當時老師分成兩派，在報上各自佔據地盤論爭，這就是有名的國畫論戰，甚至引發人身攻擊鬧上法院。快畢業時，覺得沒事兒幹，因為學油畫不是出自心甘情願，很多學生跟著老師回家上課，自己覺得很灰心就輟學找工作做，於是進了社會局當辦事員，管理北平寺廟和貧民救濟。曾經跟著尼姑去勘查廟產以解決廟產紛爭，也曾在北平冬天開粥場時去查驗粥的濃度，並且見識了北平東北城的旗人什麼都吃不起還要擺譜的窘境。」

南遷台灣展開新生活

後來逐漸察覺世局有異，吳文彬父親於是張羅到台灣的事宜，吳文彬同時考進空軍管理人事資料，於是全家於1948年底隨著空軍單位準備前往台灣。幾經折騰，終於在12月12日離開北平，卻又遇岸上軍隊架槍搶奪這最後一艘撤退船隻，親眼目睹面前三名乘客中槍而亡的慘劇，最後在兩艘國軍登陸艇協助下離開前往上海，在上海換船，於1949年1月3日抵達台灣高雄，一度棲身台東。為避免徵調海南島，於是攜著老父和兩個十幾歲的妹妹隨駐西安的十一大隊遷往屏東，被派到作戰課，當時初到台灣無任務可出，大家搬演話劇，甚至北上台北演出；演完話劇演平劇，之後再度隨部隊調至新竹，此時重拾畫筆；爾後轉調高雄岡山，藉由三軍康樂競賽為老總統作畫祝壽獲得冠軍而如願調至台北，在作戰司令部任職。此後公務繁忙，在一次勤務兵火災意外事故後，稱病離開空軍。

除役後，吳文彬於1950年間為光啓社以一本五十元的代價寫小小廣播劇劇本，在1960年10月台灣電視公司開播前的暑假學電視劇本，後因有校友會學長和陳奇祿合

父親於家中‧2012年2月。
....

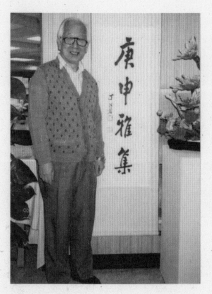

作翻修佈置台灣省立博物館，得以結識陳奇祿教授，在其引薦下，於同年 10 月 1 日前往南港，為中央研究院歷史語言所所長李濟教授進行安陽考古報告的助理工作，丈量器物、描繪標本的解剖圖；高去尋教授繼任所長期間，上午擔任行政室主任，下午則擔任侯家莊考古報告的畫圖工作；後不堪負荷，一年之後到石璋如教授處協助小屯考古資料的整理以及殷商馬車的復原，與石璋如整理敦煌資料，退休後再延長五年工作時間，五百多個洞窟的藻井鉛筆稿仍舊未能全數完成。

任職中央研究院 30 餘年，除了於考古繪圖上發揮所長，更利用午休時間教同事繪畫，還因擔任院長胡適喪禮司儀，成了中研院中大型會議司儀的不二人選，也因此獲得了好人緣。

畫藝成就

公餘閒暇，吳文彬對繪畫的興趣持續不輟，像是 1962 年參加中國美術協會畫展，並與藝專校友在美國紐約長島及德州域士堡等地舉行巡迴展；1965 年參加中荷友好基礎協會邀請展，在荷蘭各地巡迴展出，同年發起籌組乙巳書畫會，首次在台北乾盛堂畫廊展出；1971 年第 6 屆全國美展獲「免審查」資格參展；1975 年參加中華民俗畫展，在美國紐約展出，同年參加中華民國當代畫展，在韓國漢城國立現代美術館展出；1976 年應邀參加第 12 屆亞細亞美 展，在日本東京展出，且應邀為中國畫學會在台北歷史博物館作專題演講，講題為「中國早期人物畫發展」；1977 年應邀與張大千、黃君璧、傅狷夫、季康、程芥子、江兆申、歐豪年等合作〈以至仁伐至不仁圖〉長卷，並在台北故宮博物院展出一個月；1978 年應邀與張大千、劉

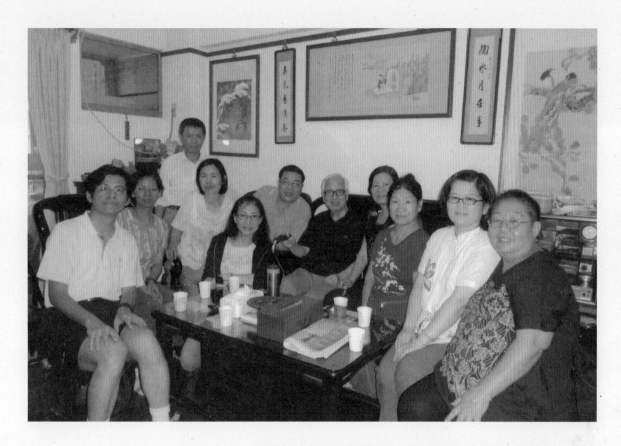

父親與學生於家中‧2010 年 6 月。

延濤、馮諲夫、梁又銘、陳丹誠、李奇茂、歐豪年、梁秀中等合作〈臥薪嚐膽〉巨畫，在台北歷史博物館、國家畫廊展出後，又陳列於台北松山機場。

1981 年應邀台北歷史博物館主辦中華現代國畫展，在馬來西亞展出；同年應邀台北歷史博物館主辦中華當代繪畫展，在多明尼加、 聖多明哥市展出；1985 年應邀赴韓國漢城市舉行吳文彬個展，並訪問漢城藝術社團，同年應邀參加國際水墨畫展，在台北市立美術館展出；1988 年台灣省立美術館在台中開館，應邀參加開館畫展，展出作品收入中華民國美術發展展覽專輯；1989 年籌組「中國工筆畫研究會」，推爲會長，首次在台灣藝術教育館展出；1991 年主辦「中國工筆畫研究會」，向內政部立案成立「中華民國工筆畫學會」，當選首屆理事長；1994 年主辦海峽兩岸名家工筆畫大展、海峽兩岸國畫交流展以及漢城定都六百週年紀念亞細亞美術招待展；1995 年在台中，台灣省立美術館舉辦吳文彬七十回顧展，同年並獲得全國畫學金爵獎。

在台灣省立美術館舉辦的七十回顧展展覽圖錄序言中的幾段話，清楚表達出吳文彬鑽研人物畫數十年的真知灼見：「傳統人物畫是以線寫形，用線描表現形體，嚴格說它並非寫實，只能算是一種 『意』的表達。人類有思維和想像的本能，因此產生了精神生活，繪畫所表達的 『意』，提升了精神生活的內涵。」、「曾有人認為傳統人物畫不合現實，但是繪畫不是生活圖解，如果只要求符合現實生活，又何必追求精神生活。國畫中以人為主題的，有人物畫和人像畫，人物畫重『意』；人像畫重『真』。人物畫不是客觀的真實再現；人像畫則必須唯妙唯肖的寫真。換言之人像畫是寫實的；人物畫無論如何工細，都應該屬於寫意的範疇。」、 「人類既然有思維和想像的本能，用這種本能來體會畫中意境並不困難，基於這種理念，對於傳統人物畫有長時期的執著，認為是值得倡導的畫種，它和我們的思念最接近。畫上題詩，並不等於畫中有詩，完整的畫面，同樣可以給欣賞者一種精神滿足的感受。」、「人物畫的審美要求應該是：用寫意的手法，寫出得意的造型，獲得會意的欣賞。 審美的理想是：形象、筆墨、神韻，三者完美的統一。」而吳文彬的畫作，佈局典雅，用筆工細，著色清麗，結構精確，充分體現上述的審美要求與審美理想。

退休後，吳文彬在台灣藝術教育館教授工筆人物畫課程，平日更是孜孜不倦的製作畫稿，悉心為學生準備教材，持續為人物畫的傳承與推廣而努力。在功利主義瀰漫、變遷快速的社會中，這份對古典精緻藝術數十年不輟的執著與不求回報的熱情，尤其令人感佩與尊敬。

本文是「典藏古美術」雜誌於 2007 年給老爹進行的專訪。作者是鄭又嘉小姐，攝影是張禮豪先生。

【人物專訪】典藏古美術 2007 · 02 No.173 ART & COLLECTION

人物畫家吳文彬・戲說人生

◎文／鄭又嘉　圖／吳文彬

渡海來台的書畫家中，對人物畫情有獨鍾，長期默默耕耘，一路走來始終如一者，非高齡84歲的吳文彬莫屬。和善敦厚、笑容滿面的吳文彬，在一個微雨的冬天早晨於家中接受本刊專訪，娓娓道來早年在北平藝專習畫經過，以及大時代下流離顛沛的人生，在幽默風趣的輕描淡寫中，竟是那樣的驚心動魄。

北平雪廬畫會、北平藝專的學習歷程

1924年出生於北平市的吳文彬，幼年隨家人居住天津，嘗從鄰居李喆習畫梅花。抗戰初期，天津水患，舉家遷返北平故居，常隨父親到中山公園飲茶參觀畫展，於是對國畫漸有認識，就讀高中時便參加北平雪廬畫會，從晏少翔學習工筆人物畫，並在習畫五年後於中山公園春明館舉行成果展。

中學畢業，1944年對日抗戰末期，吳文彬考入國立北平藝專國畫科就讀，他直言在藝專時自己個性很不隨和，他回憶道：「次年抗戰勝利，王實質校長走了，學校沒了校長，課就隨便上，當時的學習動力靠的完全是學生與老師之間的感情，與學校完全無關，當時老師有羅復堪和壽石工，遇到羅復堪老師的課，學生從一樓便一路攙扶老師進教室，教室裡更早泡好一壺熱茶等著老師開始上課。好不

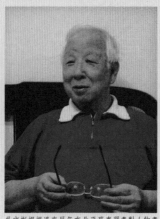

吳文彬娓娓道來早年在北平藝專習畫對人物畫的執著，以及大時代下流離顛沛的人生。攝影／張禮豪

容易等到新校長來了，內心期望著能聘請北京的水墨畫家們來授課，在南京的教育部卻糊糊塗塗的派了徐悲鴻來當校長，硬是把原來的好老師全給解聘了，把國畫課改成油畫課，素描從隨意上變成每天上，老師如溥佺、溥忻、黎質超、田石光等發起抗爭，學生罷課。當時老師分成兩派，在報上各自占據地盤論爭，這就是有名的國畫論戰，甚至引發人身攻擊鬧上法院。快畢業時，覺得沒事兒幹，因為學油畫不是出自心甘情願，很多學生跟著老師回家上課，自己覺得很灰心就輟學找工作做，於是進了社會局當辦事員，管理北平寺廟和貧民救濟。曾經跟著尼姑去勘查廟產以解決廟產紛爭，也曾在北平冬天開粥場時去查驗粥的濃度，並且見識了北平東北城的旗人什麼都吃不起還要擺譜的窘境。」

南遷台灣展開新生活

後來逐漸察覺世局有異，吳文彬父親於是張羅到台灣的事宜，吳文彬同時考進空軍管理人事資料，於是全家於1948年底隨著空軍單位準備前往台灣。幾經折騰，終於在12月12日離開北平，卻又遇岸上軍隊架槍搶奪這最後一艘撤退船隻，親眼目睹面前三名乘客中槍而亡的慘劇，最後在兩艘國軍登

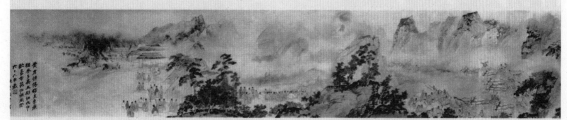

1977年應邀與張大千、黃君璧、傅狷夫、季康、程芥子、江兆申、歐豪年等合作〈以至仁伐至不仁圖〉長卷，並在台北故宮博物院展出。

88

七十回顧展序

———

劉檋河

吳文彬先生，民國十三年生於北京。夙好書畫，三十年從晏少翔先生習人物畫，三十三年入國立北平藝專國畫科就讀，三十八年來台，四十三年定居臺北市，五十年服務於中央研究院歷史語言研究所。這期間，舉辦個展及聯展多次，五十年後，創作益勤益專，作品益良益多，不但在國內展出，到荷蘭、美國等地區展覽。

民國六十八年，吳先生與董夢梅先生、張光賓先生兩位國畫名家於臺北省立博物館舉行首次「三人行藝集」聯合畫展，頗獲畫壇肯定。隔年，於國立藝術館舉行以白描人物爲專題的特展，奠定人物畫創作的聲名。從此聲譽日隆，以迄於今。民國八十二年，經禮聘爲本館典藏委員，其成就深得畫壇讚譽。

人物畫在中國繪畫的脈系中，原屬「顯學」，漢、晉以來，是繪畫的主科，唐朝中葉以後，王維等自然主義崛起之後，才落於山水畫科之後，經過宋朝畫家對山水畫的狂飆炒作，人物畫遠遠落後，其景況且不及花鳥畫甚多。元朝四家，擅長山水畫，明朝四家擅長山水畫重要，有成就的人物畫家也不顯眼。這種情況延續迄今。因此提振人物畫的創作風氣，顯得特別重要，而吳文彬先生對人物畫情有獨鍾，執著人物畫的創作，始終如一，精神可感。

人物畫雖經唐朝吳道子、宋朝梁楷等畫家的開拓而出現「水墨寫意」畫法，成爲一支主要血脈，但傳統人物畫除了重彩之外，實附麗在「以線寫形」的技法，用線描表現形體，既用線描，就自然著眼於「用筆」，自然求工，即成「工筆畫」，工筆畫講求毛筆中鋒的使用，由於對毛筆

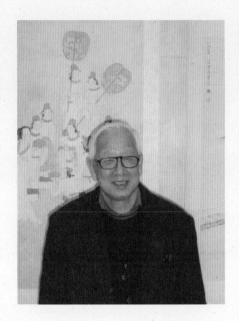

駕馭上的各有所執，遂發展出「描法」，其描法可以「十八描」以概其多，可見其完備的程度。因此，工筆人物畫實在包容很多學問，工筆人物畫家最能親炙和體悟，吳先生擅長「工筆人物畫」，對其心得獨多，不在話下。

吳先生曾說：「傳統人物畫以人為主題，有人物畫和人像畫，人物畫重意，人像畫重眞。人物畫不是客觀的眞實再現，人像畫則必須維妙唯肖；人物畫無論如何工細，都應該屬於寫意的範疇。」這段話至少明示其對人物畫的兩點看法，一、「固有寫意」的中國繪畫精神，一直凌駕寫眞之上；二、人物畫（廣義）實為人像畫和人物畫（狹義）的合流。

吳文彬先生認為：審美的理想是形象、筆墨、神韻三者完美的統一。人物畫恆常的守住具象，足以凸顯形象；人物畫清晰的輪廓線，恆常的線性作用，足以呈現筆墨；人物的造像，亦恆常以神韻為依歸。所以審美的理想，三者合一是為至理。

創作工筆人物畫在臺灣地區的畫壇上，已經很少，創作出成績者，更屬鳳毛麟角。吳先生的工筆人物畫是現今畫壇的佼佼者，非常難得。本館鑑於吳先生在這方面特別有成就，特邀其將民國四十四年後至現在的人物畫予以展出，以享大眾。

展覽之際，本館將其展出作品編印成輯，以廣流傳。專輯付梓，略抒數語以為序。

臺灣省立美術館館長 劉欓河 謹識

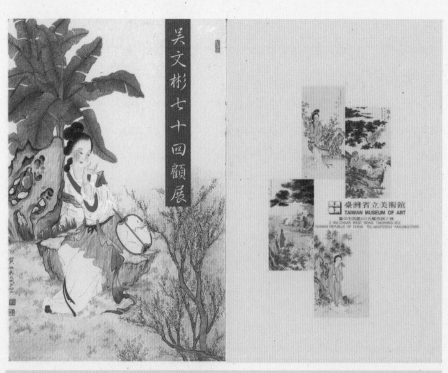

謹訂於中華民國八十四年五月六日下午二時，於本館大廳舉行吳文彬七十回顧展開幕式，肅柬奉邀

敬請

光臨指教

臺灣省立美術館館長 劉欓河 敬邀

本館各項展覽
不收花籃賀題

展覽日期：八十四年五月六日（星期六）至八十四年七月九日（星期日）
展覽時間：每日上午九時至下午五時，星期六延至下午八時
（逢星期一休館）

臺灣省立美術館八十四年五月份展覽活動表

展覽名稱	展出時間	展出地點
吳文彬七十回顧展	5,6～7,9	A1
黃啟龍七二匠作創新展	3,18～5,7	A1
臺灣省文物藝術收藏學會收藏展	5,13～6,11	A3、A4
四十年來臺灣地區美術發展研究之四，華裔研究展	5,13～6,11	A3、A4
臺灣地區前輩美術家作品特展（三）、油畫展	1,21～6,11	A5
吳連違畫展	3,25～6,18	A6
鄭善禧書法展	5,6～6,18	A6
莊博州畫展	4,27～6,2	B1-B4
陳榮惠畫畫展	3,25～5,28	B1-B4
陳經剛彩藝術系列展	4,25～5,28	B5-B6
紀嘉華「無因」、「無果」、「果實‧人生夢」彩紙片畫乾坤	5,6～6,25	B7-B8
黃建元書畫西省攝影展	3,30～5,7	C1
黃建元書畫西省攝影展	5,11～6,18	映像藝廊

父親向來不願意開畫展，根據文字記錄，除了這七十回顧展，就是民國五十四年在台北市中山堂的個展。其他，大大小小的參展，卻是相當的多。

驀然回首

吳文彬的八八自述

蓦然回首
時年八十
──

吳文彬

記得盧溝橋事變那年，我們全家正住在天津，第二年天津水災，搬回北平老家，北平已淪陷（按：是指日本佔領），改為北京。我在讀初中二年級時，加入了「雪廬畫會」開始學習國畫，那年是民國二十八年（1939年）。「雪廬」在當時的北京，是一個很活躍的國畫社團，由晏少翔、鍾質夫、王心竟、季觀之幾位畫家組織的，平時傳授畫法，每年舉辦定期展覽，我從晏少翔先生學習人物畫到民國三十三年（1944年）高中畢業，已經有五年畫齡。

升學似乎已無可選擇，考入國立藝專，學校全名是「國立北京藝術專科學校」，錄取的科系是「繪畫科，國畫組」，任課的教授盡是當代名家有：黃賓虹、羅復堪、溥雪齋、溥松窗、邱石冥、趙夢朱、胡佩衡、秦仲文、劉凌滄、黃均、卜孝懷、李智超、田世光、周懷民、壽石工等大師。次年民國三十四年（1945年）暑假，日本無條件投降，沒料到藝專被改為「北平臨時大學第八分班」靜候接收，此刻北京又改回北平。中央接收大員遲遲不見到來，學生每天只忙著開會遊行，

口號是「反迫害」「反飢餓」，我們弄不清被誰迫害了，也不知道是誰挨了餓，反正不正常上課，教授也很少到學校來了，究竟教育部派甚麼人來接收也不知道，但肯定不會從北平當地聘請校長是沒錯的，因為我們頭上都加了一個「偽」字。

父親幼年於北平。

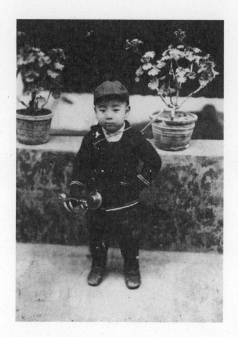

此時對學校感到非常失望，不願再混下去就毅然離開了，從渴望入學到毅然離去，心情完全是兩樣不同的感受，此時更沒有考慮到學籍問題。此時，北平大局每況愈下，經濟恐慌，人心浮動，已經感覺到又將變亂，全家興起南遷的念頭。一直到民國三十七年（1948年）冬季，離開了號稱文化古都的北平來到上海，再乘船到台灣，此時已是陰曆年尾，陽曆年初。來到台灣南部偏僻的小鄉鎮，開始離鄉背景全新的生活。

直到搬來台北居住，方知道藝專有「旅台校友會」。開始參加美術活動，入選第十七、十八兩屆全省美展之後，沒有再送過作品。民國五十年（1961年）藝專校友龐增瀛，計畫在北美舉辦一系列國畫展，介紹國畫中各類畫派的畫法例如：潑墨、大寫意、兼工帶寫、工筆雙勾和沒骨、重彩和淡彩等，畫種則有：山水、人物、花鳥、走獸。選定了八位校友：王昌杰、鄭月波、劉業昭、邵幼軒、吳詠香、陳雋甫、吳學讓、吳文彬，在美國各大學巡迴展出，得到很好的批評，多位學長都想藉這次展覽去美國，此時我已進入中央研究院工作，只想求安定的生活。

在中央研究院服務三十年，學到很多書本沒有的知識，是我最大收獲，有兩篇短文記述這些事，一篇刊在《中央研究院歷史語言研究所七十周年紀念文集》題目是「在史語所的那段日子」，另一篇刊在行政院人事行政局出版的《人事月刊》第二十八卷第二期，題目是「繪圖與作畫」。（本書收錄，請見 46 頁與 54 頁。）

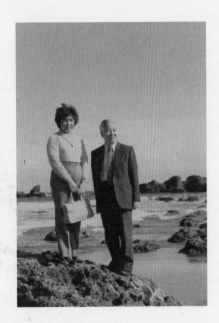

父親與母親的日常照。

經過動亂所得到的認識是：自己所喜好的繪畫，必須建築在安定生活上，不必把繪畫作爲謀生的職業。生活安定了，畫作也多了就想再辦展覽，藉此切磋畫藝。民國五十四年（1965 年）在台北市中山堂又辦了一次個人畫展，展出期間也有幾幅畫被陌生的收藏者訂去。畫展結束之後，卻有一種說不出的厭煩，對開畫展興趣索然，從此只參加聯展不再辦個展。

這段時間參加了兩次大型合作畫，一幅是「以至仁伐至不仁圖」是絹本大型手卷，參加畫家有：張大千、黃君璧、傅狷夫、季康、程芥子、江兆申、歐豪年和我，我畫車馬人物。另一幅是「臥薪嚐膽」是紙本大壁畫，參加畫家有：張大千、劉延濤、馮諄夫、梁又銘、陳丹誠、李奇茂、歐豪年、范伯洪和我，我只畫了一隊士兵。

那時在台灣有不少韓國留學生，其中一位李先生想邀我去韓國展覽，我對展覽雖然興趣不高，但也很想去韓國參觀「新羅文化」決定畫交李先生，我只在開幕式出現，其餘時間在漢城慶州兩地參觀。在沒有畫展壓力下遊覽了南韓，也結識了多位當地藝術家，展出的作品全部送給了主辦人。

不覺已到退休年齡，研究院留用，繼續工作。不久大陸可以通信，出乎意料四十年沒有訊息的晏少翔老師寄信來了，知道早年「雪廬畫會」的老師們全在東北瀋陽魯迅美術學院任教。不久我便到了久別的天津，再到北京，最後來到瀋陽魯迅美術學院，見到「雪廬」的老師們和很多東北畫家，參觀了遼寧博物館藏畫。大陸對傳統國畫已作了徹底的改革，幾乎和粉彩油畫沒有什麼兩樣，現在傳統的國畫保留得不多了。

回到台灣正式申請成立「工筆畫學會」，展開與大陸美術界交流，主辦了兩次「海峽兩岸名家工筆畫大展」。在研究院服務到七十歲才離開，應邀在台灣省立美術館舉辦了「吳文彬七十回顧展」，在台灣定居四十年全部畫作數近百件，全部付展，「中國畫學會」為此提名，獲得第三十三屆畫學金爵獎。

連任兩屆工筆畫學會理事長，如今卸下責任，已是八旬老人，驀然回首，細數前塵，時逢生辰戲作打油詩自壽。

塗鴉已有六十年，並未妄想登藝壇，淪陷時期心苦悶，借用繪畫解愁煩。
希望前程好景願，高中畢業考藝專，藝術大師傾心授，此時方知畫道難。
故都名家來授課，暗自慶幸好機緣，把握時間勤磨練，忽聞日軍白旗懸，
抗戰勝利從天降，一夜之間變青天，熟料藝專成偽校，中央握有接收權，
接收大員有成見，罷黜名師離校園，明為改革實破壞，傳統繪畫不再談。
時見遊行反飢餓，學生聚集大街前，高呼口號反迫害，惶惶終日心不安。
大局混亂已成型，各地戰事亦頻傳，忽聽街頭叮叮響，原是紙鈔換銀元。
經濟失控難掌握，小額鈔票十萬元，十萬只可買燒餅，轉眼燒餅又漲錢，
老父問我何打算，隨波逐流去台灣，寶島四季如春暖，不愁冬季買煤難。
天涯作客半世紀，人生際遇也偶然，中研院中三十載，陪伴古物到老年。
也曾造訪故居地，舊宅只剩瓦碟磚，尚有一處四合院，院內七家冒炊煙。
那管堂屋或廂房，每屋一戶擠不堪，天井院中任搭建，側身行走也困難，
故居已非舊時貌，破爛不堪實難言，此處住戶爭相告，此宅拆除在年前。
過眼雲煙不再現，驀然回首夜難眠，無情時光轉瞬逝，如今鬚髮已浩然。
此生深感無貢獻，虛度癡長八十年，當今社會多變化，無言以對且隨緣。
八旬老叟何所事，調理生活自週旋，往日是非隨風去，獨坐斗室自在天，
我有藏書近百卷，坐擁書城終老年，閒來揮動紫毫管，沉魚落雁見筆端。

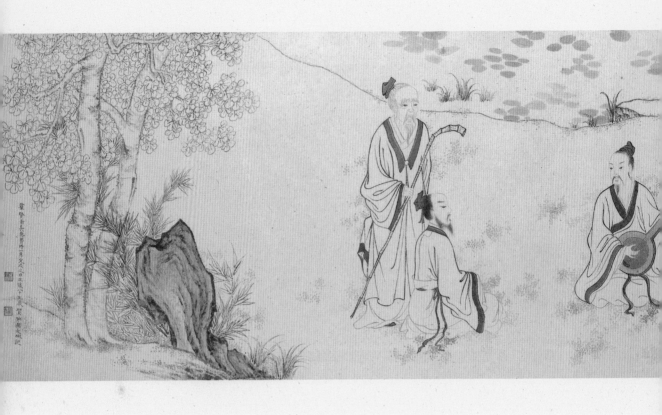

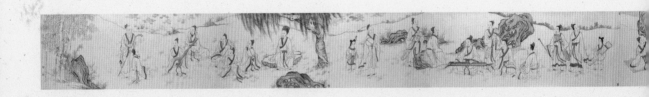

圖上：群賢圖局部。

圖下：父親八十歲時，完成了一幅群賢圖，
展開之後全寬約 1035 公分，高約 48 公分，
馮其庸先生題字。全圖共有三十七位白描高
士，加上三名童子，共有四十人。

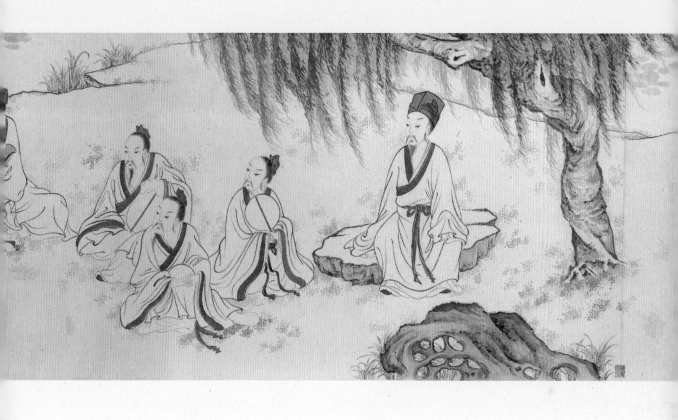

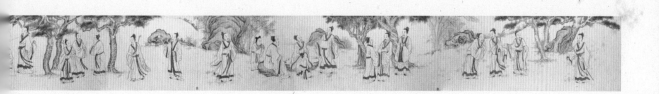

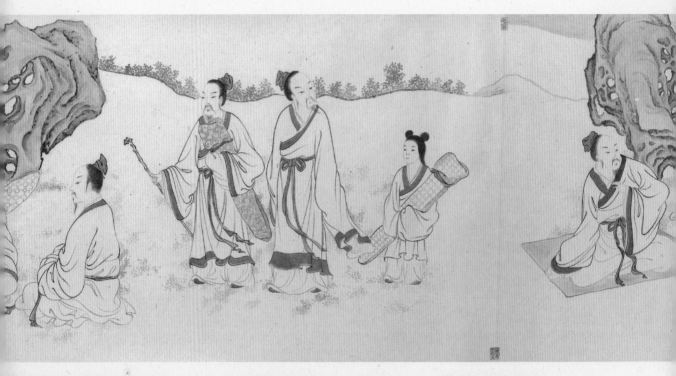

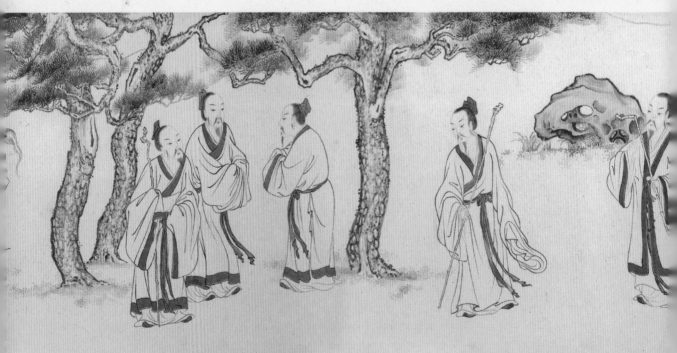

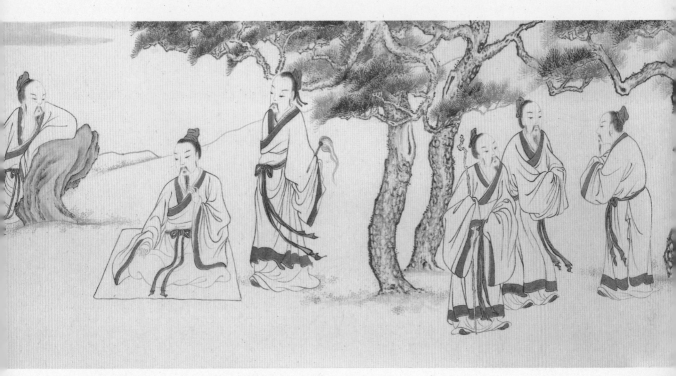

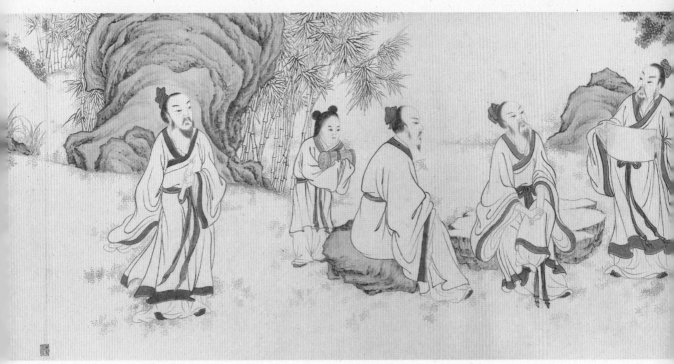

工筆畫學會創會的
心路歷程
—

吳文彬

民國七十七年（1988），我當時尚在中央研究院考古館工作，突然接到當年啓蒙老師晏少翔教授來信，那時剛剛和大陸可以直接通信不久，原來晏老師見到台北藝術圖書公司出版我的畫冊，知道我在中研院服務，立即就寫信來了。

我從民國二十八年（1939）開始從晏老師習畫，十年後遷來台灣，易地而居從未停筆，繪畫已成個人生活的一部分，每遇繪畫問題不得舒解時，對晏老師的思念更是加深，接獲晏老師信息驚喜若狂，遂著手籌措東北之行。

晏老師任教瀋陽魯迅美術學院，邀集同好畫友組團參訪，受到學院師生歡迎，對工筆畫發展舉行座談，在台灣由於國畫大師『南張北溥』來台定居，產生一定影響，反觀對岸因文革受到無可彌補傷害，兩岸工筆畫風有所不同。晏老師以爲工筆畫傳承甚爲重要，期盼台灣畫家共作努力。

同仁返回台灣提議組織正式團體申請立案，爲傳承工筆畫，發展工筆畫，以技法創作與學術研究並重爲目的，定名爲工筆畫學會，向內政部社會司申請成立籌備會。民國八十年（1991）九月二十九日正式成立。依照規定全國性人民團體名稱必須加冠國號，全名爲『中華民國工筆畫學會』，爲求與國外聯繫方便，另定簡名爲『中華工筆畫學會』均列入章程總則第一條。

我作爲原始發起人被推爲首屆理事長，擔起推展會務的重責大任，首先面臨的是會址房舍和財務經費問題，我們仍沒有固定財源，只靠會員交納會費，無力租房辦公，只有借用理事長住所，人民公益團體不得有營利行爲，今後注定要過無米之炊的苦日子。

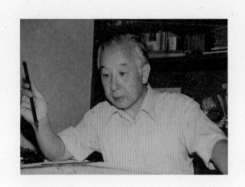

如何展開會務，有那些事是急於要做的，創作與學術研究是中心工作，此外另一件重要工作是：外界對工筆畫存有很深的誤解，認爲工筆畫的傳統技法就是臨摹，臨摹便是仿製，複製他人作品只是技術不是藝術，這種錯誤的推理太可怕了，我們如何辯解這種謬論，也是當務之急。

工作方針有了，我們首先要做的是每年至少舉辦一次或兩次工筆畫展，作者走入群眾現身說法，使得更多人對工筆畫有正確認識。創刊工筆畫雜誌，發表研究成果，採取廣泛贈閱方式大量發行。

參訪歸來所得印象，大陸畫家素描基礎好，台灣畫家筆墨功夫強，若得互補長短，工筆畫前途必更光明。因此蒙生舉辦海峽兩岸工筆畫大展的念頭，我們的學會既無經費又無人力，這個想法實在是妄想，但是我仍在不時思索如何破解難關，把我個人的想法向沈以正教授請教，沈教授是國立台灣藝術教育館研究組主任，正在計畫利用中正紀念堂大廳裝修爲中正藝廊，交由藝教館使用，面積有五百坪，沈教授相助之下，工筆畫大展可能作爲該藝廊首展，並建議列出所需預算向行政院文建會申請補助經費，幾經周折文建會僅批覆十萬元補助，編印展覽專輯經費仍無著落，與沈教授同見館長張俊傑教授，張館長稱當前政府機關尚不能參與大陸有關事務，自然經費使用也受限制，數十萬元印刷費也非工筆畫學會可以負擔，萬難情形之下張館長願先墊支印刷費，專輯在展覽期間出售所得歸墊，如此則萬事俱備，再度前往瀋陽魯迅美術學院，晏老師已被推爲湖社畫會復會後會長，就此委託湖社畫會代爲甄選參加大展作品。

父親於富錦街舊居書房。

這篇文章發生的時間應該在民國九十五年，父親當時是八十三歲。也就是說，八十自述已經過去了，而八八自述還沒有發生，所以把文章放在這一個位置。附圖是工筆畫學刊第一期的封面。

海峽兩岸名家工筆畫大展於民國八十三年（1994）二月十七日起至三月十七日止，在中正紀念堂中正藝廊展出一個月。展出作品九十餘件，台灣畫家：王令聞、王君懿、林淑女、周以鴻、吳文彬、孫家勤、孫雲生、梁秀中、張克齊、楊須美、詹前裕、廖俊穆、劉伯農、諶德容、羅玉華，等四十位參展。大陸畫家：田世光、俞致貞、劉力上、孫奇峰、晏少翔、鍾質夫、季觀之、劉福芳、孫天牧、王義勝、宮興福、袁穎一、陳忠義等四十位參展。

出乎意外的是畫展專輯在展出一個星期之內全部搶光，參觀人潮絡繹不絕，外縣市的觀衆要求巡迴各地展出，只可惜超出我們預訂計畫，也沒有經費只好作罷，這一次大展不但建立起來兩岸交流的橋樑，也獲得無限的信心，工筆畫學會沒有走錯路。

事隔兩年之後我們又舉辦了一次工筆畫大展在原地展出。西安美術學院教授陳光健、石景昭，中央美術學院教授蔣采蘋、潘世勛，濟南工筆畫家周璟，相繼蒞臨工筆畫學會訪問，這一年正是本會成立五週年，內政部對本會績效評鑑列為甲等，特函嘉勉。

理事長任期四年只限連任一次，民國八十八年（1999）必須改選，由張克齊教授當選第三屆理事長，此前我們舉辦過七次會員展，第八次會員展在桃園縣立文化中心展出。張理事長就任又在台北市圖書館三民分館及新莊市文化中心舉辦兩次會員展，前後總共有十次展出。

民國九十年（2001）張理事長自任領隊前往北京，作遊學訪問七天，增進美術交流。本會成立十週年會慶，出版

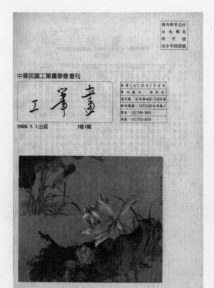

中華民國工筆畫學會會刊

工筆畫

1996. 1. 1.出版　　1卷1期

國內郵資已付
台北郵局
許可證
北台字8838號

出版1.4.7.10月1日出刊
贊助刊行，非賣品
通信處：台北郵87-550信箱
郵政劃撥一15713100系堂張戶
電話（02）788-9854
傳真（02）753-3074

常務理事林淑女作品：荷

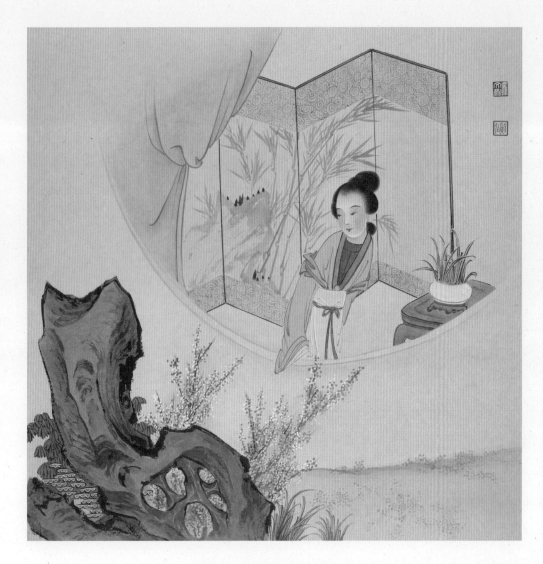

父親的作品「仕女冊頁」。

《藝術千秋》畫集，刊載會員作品，同年又在三民分館及國父紀念館舉辦過兩次會員展，次年會員展移至台中文英館展出。

為了提昇工筆畫水平，工筆畫學會設立金筆獎，每兩年選拔一次給予相當獎勵。為了加強兩岸工筆畫交流，張理事長率領資深畫家攜帶作品遠赴瀋陽，與湖社畫會畫家聯合展出，在魯迅美術學院新建美術館舉行。

工筆畫學會成立迄今已十五年了，又逢選舉新理事長之際，回首前塵，全體工作同仁，無私奉獻，會務推動得以順利進行，對於工筆畫藝術的推展，有了穩固的基礎，大步向前。

時年八十八‧民國一百年

吳文彬

余不習詩韻，不知平仄，視駢文為畏途，今已越耄耋，回首前塵舉家渡海舊事難忘，信手綴字，強作打油詩體例，日後以為談助，俗言俚語，貽笑大方。

塗鴉已有六十年
希望來日好景願
畫壇名家親手教
二次大戰忽結束
豈知藝專成僑校
傳統繪畫遭責難
學生罷課人四散[2]
各地戰事連番起
物價不停直線漲
千山萬水談何易
東北解放華北亂
我兒發燒難成行
雙十二集二供處[5]
抵達天津天光亮
當晚北平列車到
鐵路已遭敵破壞
入夜火車赴塘沽
只見紅旗槍桿掛
聲言人員全上岸
船長大副生急智
機搶掃射向船頭
叛軍瘋狂逞凶殘
驚濤駭浪心膽寒
不斷祈求行方便

從未妄想登藝壇
高中畢業考藝專
暗自慶幸好機緣
日本投降無話言
中央握有接收權
改教素描尋光源
聚集街頭喊連天
忽見大街換銀元[3]
維持起碼生活難
投入空軍作靠山
撤退消息暗中傳
無奈只好延一天
南苑遭炸破殘垣
列車暫停又道邊
不見妻兒在裡邊
無功而返又折還
回首不堪忍悲言
危險軍品裝滿船
此時有口也難言
斷纜撤跳急開船
叛軍急擲手榴彈
我忙伏身來察看
行李箱後有動靜
全家四口躲船上

北平淪陷苦悶多
藝術大師來授課
把握機會勤磨練
抗戰勝利從天降
接收大員有成見
放棄毛筆拿木炭
反飢餓又反迫害
經濟失控無良策
老父問我何打算
二軍區在慶王府[4]
文職軍眷先移轉
約定次日天津見
軍運列車升火待
購買饅頭與鴨梨
次日急忙趕回去
從此一家兩離散
塘沽無人死寂寂
人坐舢舨行李上
疑是敵人來包圍
船已離岸軍心亂
不幸擊中船左舷
老父無恙妹在前
一隻細手握銀元
東北戰敗到這邊

課餘習畫解心煩
此時方知畫道難
名師指點不費難
頃刻之間變青天
罷黜名師出校園
墨分五采不再談[1]
人心浮動生活難
紙幣鈔票不值錢
可否舉家遷台灣
每月糧米吃不完
天津待命再乘船
老父小妹走在前
大家上車無話言
準備日後作兩餐
車至廊坊不向前
不知相見待何年
華孚輪是待命船
人聲嘈雜岸邊傳
竟是國軍想奪船
叛軍落水無救援
三人重傷終不治
全速開船出港口
女子探身四下看
決心偕兒回家去

飲食未進孩可憐　擬用銀元換饅頭　人在難中多包涵　老父示意身藏起
贈你饅頭不用錢　銀元收起路上用　希望平安回家園　四夜五天寒風冽
進入黃浦水域邊　航抵碼頭楊樹浦　下船不辨東西南　路邊廢棄大客車
老父偕妹進車間　今夜在此暫躲避　不必船頭受風寒　次日進入子弟校
地上鋪草作床眠　十里洋場無心逛　傳聞北平正和談　今日好似流浪漢
無心再問暑與寒　登上輪船泰康號　眾人一起去台灣　一路風平又浪靜
一月三日到台灣　高雄港灣真美麗　驚見隨地吐紅痰[6]　入夜木屐嘀答響
語言不通難對談　搭乘卡車去台東　翻過一嶺又一山　太平洋邊小鄉鎮
房屋大部被炸完　眾人廢墟打地鋪　生活依然沒復原　老父雖然通日語
只有原民可對談　山民無衣寒難禦　贈他冬衣擋風寒　回贈母雞情意重
太平洋邊過舊年　祈盼生活更安定　隨軍生活十二年　獲得乙等楷模獎[7]
人生際遇且隨緣　中研院中三十載　古物繪製標準嚴　認真工作受肯定
服務獎章院長頒[8]　自勵自勉長補短　重拾畫筆續前緣　當年老母有慈訓
莫回祖籍舊家園　落地生根枝葉茂　世澤家聲永綿延　年齒已長時不待
母訓猶在耳旁邊　錦鳳來歸稱賢助　傑俊兄弟更賢孝　相偕共渡四十載
一心歸主心亦安　大陸凡事均保密　好似鐵幕掛週邊　當年家人已失散
書信衝出鐵幕欄　寄來書信和照片　伊人已非舊容顏　受盡煎熬與驚駭
兒女成長在眼前　兩岸雖然通書信　伊人駕鶴已渺然　墨林墨香均健在
相見已隔六十年　相對感慨無言語　造化弄人人靠天　父子重逢辦畫展
畫界傳稱是奇緣　亂世聚散言難盡　驀然回首似眼前

附註：
1.國畫向有墨分五采之說。
2.北平畫界新舊兩派互相攻訐時稱「國畫論戰」。
3.北平街頭有收售銀元小販，以紙幣兌換銀元。
4.空軍第二軍區司令部設在北平定埠大街慶王府。
5.民國三十七年十二月十二日集合在南苑，二供處是二軍區後勤供應總站，日前被敵爆炸破殘。
6.吐檳榔汁。
7.空軍乙等楷模獎章。
8.文官二等服務獎章。

1998 年為中央研究院歷史語言研究所
七十周年出版紀念文集《新學術之路》所作

在史語所的那段日子

吳文彬

那一年，是民國五十年，正值暑假，我參加光啓社電視講習，在臺灣大學森林館上課。當時臺灣還沒有電視台，希望藉此學習一些新知識，將來也好多一個就業機會。講習還沒有結束，北平與杭州藝專兩校聯合校友會總幹事王昌杰學長找我，說是為我找到工作：去中央研究院繪圖。不久被帶到臺大考古人類學系見陳奇祿教授，在陳教授研究室畫了一件原住民木雕解剖圖，這是對我的測驗，這幅圖送到李濟之先生那裡，我被錄用了。

陳教授專程帶我到南港，那天是九月三十日，來到剛落成不久的考古館，這裡是中央研究院歷史語言研究所第三組，也就是大家稱謂的考古組。首先見到高曉梅先生，聞知我曾就讀北平藝專，問我可認識李智超？李老師在校教我們書畫史，他是一位精於鑑賞的畫家，原來是高先生的表兄。

次日 (十月一日) 我正式上班，李濟之先生是所長兼第三組主任，每星期二到考古館在他的研究室工作一整天，董彥堂先生每星期四到考古館逗留一個上午，這是兩位馳名國際的學者。經常在考古館工作的是高曉梅先生，甚至晚飯後也到研究室工作，當時正在撰寫安陽發掘報告－侯家莊部份。不久石璋如先生也從史語所二樓遷來考古館，從此我專做小屯出土遺物的繪製，成為石先生研究室的助理，一直做到退休。

隨石先生工作，學得很多新知，也增加不少歷練，記得在整理小屯 M40 墓葬留下很多回憶。這是一座殷代車坑，出土遺物中很多是車馬器，較一般器物更難識別，尚有兵器及乘者馬匹的遺骸混雜一起。依照石先生指導先繪製原大尺寸的 M40 出土現象，再將出土器物依照出土位置擺

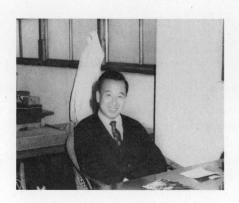

父親於史語所舊照。

好，人和馬的遺骸很仔細的畫出，這種方式可供研究思考。車乘入土情形，經過土方埋壓過程，再加上地層經過多年變化等等因素，經過石先生研究，車乘的復原有了眉目。為了求實，最後跳出紙上作業，按照 **M40** 出土原尺寸製做了一部模型車，並且從圓山騎馬俱樂部選擇兩匹身材與遺骸近似的馬，駕上我們復原的模型車，車上也站立三人，中為駕馭者，右為執曳而擊者，左為射手，在考古館門前試車。

經過這次實驗之後，對殷代車乘有了更多認識，在研究期間，石先生不恥下問，令我深受感動。石先生投入研究最多的該是殷代的建築。殷代建築主要的遺存是夯土和礎石，用版築方式築成不同面積的基址，在田野發掘習慣叫它「夯土台」。成行排列的礎石，顯示這裡曾立有木柱，石先生指導我用保麗龍塊，照「夯土台」的面積縮小，再標明礎石位置，用圓形竹筷在礎石位置上立柱子。竹筷子往保麗龍上插並不困難，竹筷插好，立即顯出屋柱排列情形，循此設置樑架即可求得建築物結構的概略。根據這些實驗繪製建築物復原圖，供作進一步研究。

實驗對研究工作幫助很大，自然科學研究需要實驗，人文科學如考古學同樣也需要實驗。考古組此時要展開青銅工業的研究計畫，要探討古代青銅器鑄造的方法。萬家保先生應聘到所擔任技正，主持這方面研究工作。不久考古館設置了青銅器鑄造實驗室。早在安陽發掘時獲得很多陶范，那是殷商時代從事鑄造工業重要遺存之一。如今要探討古代青銅器鑄造方法，必須先從製模作范開始，不得不請教陶藝專家。我引見了北平藝專陶瓷科的學長吳讓農，現在是師大工教系教授，到考古館來指導製陶，一時之間考古館熱鬧起來。

我到史語所工作以來，可以說百事順遂，早已忘卻學習電視所為何來？很多電視講習班的同學，進出電視台工作無分晝夜，好不辛苦。正在自我慶幸沒有誤入電視圈，忽然電話中說有客來訪，到考古館門前見訪客名片方知是中國電視公司節目部人員，知我曾參加電視講習，有人推薦，希望參加中視節目編寫工作，允予優厚待遇。來人見我遲疑不決，即辭去，隔日電話中商定以公餘之暇撰寫，論件計酬。一般知識性節目當時稱為「文教節目」，定名為「上下古今」，以訪問專家方式介紹中國歷史文化，例如製陶、鑄造、草藥、武術、戲劇等都在計畫之中。製作人接受建議，請萬先生到節目談青銅器鑄造，並且拍攝了考古館的陳列室，在史語所這是史無前例的。後來臺灣電視公司來邀我繪製國劇過場插畫，遂辭去中視轉來台視，重拾畫筆作人物畫。

中央研究院員工康樂促進會，是全院員工休閒活動社團。當年由史語所周法高先生倡議組成，有奕棋、橋牌、電影、國劇、郊遊、各種球類等組，後增書畫組，由劉淵臨先生和我陪大家塗鴉，事屬休閒，不計工拙。劉先生事忙，由我獨撐至今，很多位參加過書畫組的先生女士們，對提筆作畫興趣很高，也曾於慶祝院慶時節在蔡元培館辦過展覽。行政院每年舉行中央公務員書畫展，書畫組代表中央研究院參加，曾獲得第二名、第三名、佳作獎多次，這些榮譽的獲得也是始所未料的，雖然意不在獎，畢竟也受到不少鼓舞。

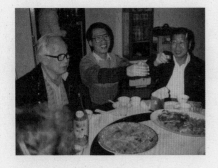

暑假期間時常有海外訪問學人到院，很多攜家帶眷住在學人住宅，他們的夫人也來參加書畫組活動。其中也有受過美術教育，有很好的藝術修養，初次使用毛筆水墨宣紙作畫，興奮之情溢於言表。

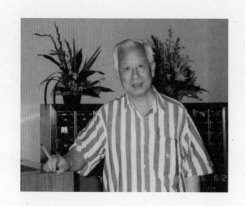

史語所對康樂會的大力支持，要歸功負責行政的主管汪和宗先生。汪先生雅好國劇，在康樂會曾組國劇組，平時謹言慎行，是為李所長所信任，屈所長接任更為倚重，直到高曉梅先生接所長，汪先生已達退休年齡，事務室工作均由程泉生先生一人獨撐。在此情形之下，高先生有意從考古館調派一人去事務室，不過考古館工作均屬專職專業，如何捨此就彼，最後決定派我過去，上午在事務室做行政工作，下午回考古館做專業，兩處「行走」半年之久，方得抽身歸還建制。這六個月的工作深深體會到要進退得宜，不慍不火，不能有任何失誤，其中甘苦自知，學人的傲氣自是不免，行政事務必須配合學術研究的工作。

考古館青銅器鑄造實驗有了成果，試驗鑄成的觚和爵肖似殷墟出土，只是重量較重。使用古代「塊范法」鑄造，遵古炮製，每鑄一器使用一套模范，器成則需去模破范方可取出，故古代青銅器形制紋飾無一雷同者。由於陶范合攏無法嚴密，鑄成之器必留有清晰接縫痕跡，萬先生稱它為「范線」。若不是採用「塊范法」鑄造，則無「范線」痕跡，藉此可以驗證，也可作為斷代標準之一。

一般人對田野考古認為是挖掘古物，更認為古物即是古董，田野考古認為是挖古董，由於這種誤解，發生過很多故事。

當年史語所考古組在河南安陽從事田野考古發掘，所獲得標本遭當地士紳抗議，認為中央到地方上來挖寶，發動群眾阻止標本運出。經董彥堂先生出面說明，當眾開箱驗看，見是碎石塊殘破石刀石斧，另一箱是破陶片，再開一箱是貝殼，並無實物。董先生說這些是考古學家的寶物，寶字正寫，宀之下的玉即是石，古時石玉不分，缶即是陶

器，再加上貝殼，這些殘破石器陶片貝殼，在研究考古學的人就認爲是「寶」了。一件製做精美的古器物，如果沒有出土紀錄，不明它的出身背景，還不如那些殘破石器陶片貝殼有價值。這個故事是聽石先生說的，不免對考古工作有了新的認知。

在考古館工作這麼多年來，遇到很多獻寶的故事，每每令人啼笑皆非。這些獻寶故事，都是要求鑑定眞僞，其中眞正的含義是想知道值多少錢，這也是很無奈的事，但又不好嚴詞拒絕。現舉出三個獻寶故事：有一位先生提了一件陶罐稱是六朝遺物，並說家中尚有不少古物，要求石先生鑑定。石先生建議應送博物館或博物院鑑定，談甚久見仍無意告辭，我在旁提醒問此一器物進院時可在警衛室驗看登記？如未經登記，不得將古物攜出，趁院警尚未換班，請石先生即刻以電話告知警衛室，由我親自送出院門，從此未見再來。

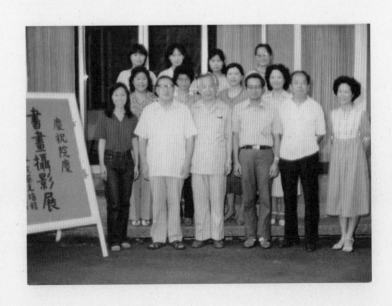

要求鑑定古物並沒有因此杜絕，有一次一位先生直入考古館後樓研究室，帶一隻紫色半透明奔馬雕刻，指為戰國時代瑪瑙雕刻。這件奔馬造形是現代洋馬，堅持請專家鑑定，此時萬先生到來，立即認出是塑膠入模成型的，因為這件奔馬有明顯「范線」。不久又一位自稱古董商，提了一個包袱，稱高價買進兩件古銅器，請求鑑定是何年代。當即請在考古館門廳就坐，打開包袱取出兩件銅器，一似簋，另一件似近代廟宇中香爐，造型紋飾粗糙，一見可知為黃銅翻砂所製，臺北萬華、三重一帶工廠均可製作，形制紋飾無一似古物，若直言為現代製品，又恐傷其自尊心，只好說這兩件銅器是藝術品，有美術價值，沒有歷史價值。對方仍不瞭解，追問是何年代，只有照實告知商周青銅器均為「塊范法」鑄造，器身留有「范線」紋痕，此兩器均非塊範鑄造，形制紋飾特殊，古器中未瞥見過，請轉向博物館鑑定。竟引起不滿，氣咻咻包起銅器一面走，一面數落：「你們是什麼學術機關啊！是真是假給我一句痛快話嘛！什麼學術機關？連這兩件銅器都看不懂……」

塑膠馬因為有明顯的「范線」，證明是近代翻模製品，並非瑪瑙雕刻。這兩件黃銅翻砂製品沒有「范線」紋痕，證明是臺灣一般工廠製作，後來一直作為大家談笑資料。

臺灣地區考古發掘漸漸展開，各地出土標本大量擁入考古館，堆滿後樓走廊。史語所新建大樓二樓的陳列室，比考古館原來陳列室大了很多，特別邀請了專家設計陳列櫃及燈光，不亞於一流博物館，有系統的陳列歷代出土文物。與一般博物館所不同者，所陳列的文物都是本所考古工作人員所發掘的，因此每件器物都有出土紀錄。

院內畫展。
....

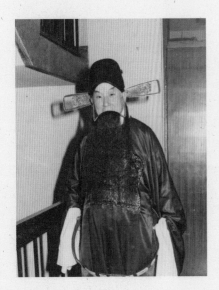

如何有效展示這些器物，負責典守文物的何世坤先生花費很多心思，作了妥善的安排。雖說史語所的新廈就在考古館對面，如何搬運這些古物進入新家，不能有任何閃失，茲事體大，爲此擬定一套搬遷計畫，並設計了搬運箱，內襯海綿，運出紀錄，中途護送，到達紀錄，都有專人，考古館行政及技術人員集中全力投入「古物搬遷」工作。此時我隨石先生搬進了新的工作室，倉庫近在咫尺，標本編目輸入電腦，標本調閱更爲方便，工作效率大增。

此時石先生有意整理當年去敦煌調查的資料，這些工作是我最感興趣的。從那些泛黃的紀錄中，整理出每座石窟的窟形，當時拍攝的照片和藻井圖案的構成，這是一次接觸敦煌藝術的大好機會。正在此時人事單位告知要辦理退休，丁邦新所長問我是否會轉任其他單位？既然已到退休年齡，任何單位也不適宜，只有重拾畫筆作畫自娛了。問我仍否願在三組繼續工作，當然願意！丁所長決定以約聘僱人員聘我繼續隨石先生工作直到七十歲才正式離開史語所，那年是民國八十二年。

從民國五十到民國八十二年，在史語所有三十二年之久，在這段日子裡：傅斯年圖書館落成，考古館增建了後樓，史語所原是二樓建築，擴建爲七層大廈。

「五十週年我們在台北實踐堂唱了一台戲」，很難得留下的一張照片。
....

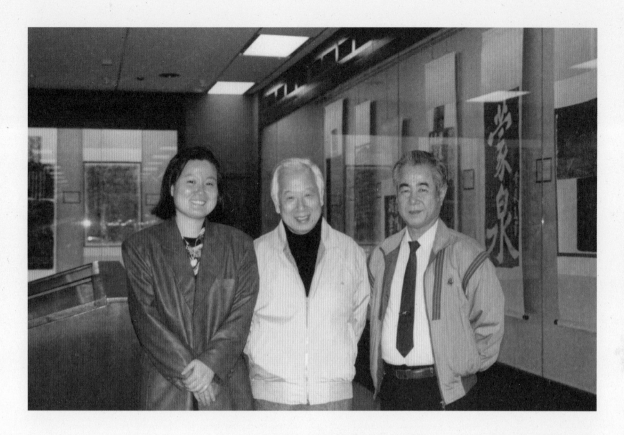

父親與何世坤先生（右一）於新館陳列室。

在這段日子裡歷經了五位所長，又令人難忘的是那些位長者和同事們如：在圖書館的王寶先先生，不需卡片即可取得叢書子目。潘先生不但精於繪圖攝影，對鐘錶極有研究。從不穿西服的李光濤先生。儀表非凡的楊時逢先生。以所為家，臨終精神異常的胡占魁先生。健談的高曉梅先生。嚴肅的李濟之先生。時常垂詢北京往事的董彥堂先生。都相繼歸去，歲月無情令人傷感。

史語所至今已成立七十週年。早年在北京蠶壇、南京雞鳴寺、四川李莊、臺灣楊梅的那段日子，我都沒有趕上。在南港過四十週年、五十週年、六十週年的所慶，卻都恭逢其盛了，在蔡元培館吃過四十週年的壽宴自助餐，五十週年我們在台北實踐堂唱了一台戲、六十週年整是一個甲子，那年是戊辰龍年，我設計了以龍為主題，並意含四組一室的胸針和領夾。

往事有太多回憶，現在正臨七十大壽，願祝這個具有悠久傳統的學術機構，永遠占有領先地位，如古金文字所言：「其萬年永保」！

1998 年應行政院人事行政局出版之人事月刊撰寫

繪圖與作畫

吳文彬

早在抗戰勝利的前一年，我考進了國立北京藝術專科學校繪畫科國畫組，那時候北平是淪陷區，日本人把北平改為北京，北京藝術專科學校，就是大家熟知的「北平藝專」。

學校叫甚麼名字，我們學生並不在意，學校聘請的老師是我們最關心的，令我們心滿意足的，這些教授都是我們所崇拜的當代名家。第二年日本戰敗投降，北京又改為北平，但是學校並沒有改回「北平藝專」，卻成為「臨時大學第八分班」，好像是被俘的俘虜，先編號聽候編遣似的。

徐悲鴻來做校長，首先把國畫教授全部解聘，他要用西洋畫法改革國畫，北平很多國畫家認為這是毀滅傳統文化，著文批判，引發「國畫論戰」。此時北平局勢每況愈下，素性保守的先嚴，主張全家移居台灣，在不容多作考慮之下來到台灣，此時北平又被改為北京。

來台灣定居的藝專校友組織了校友會，此時中央研究院已從楊梅進駐南港，考古學家李濟之博士，甲骨文大師董作賓教授，是殷墟考古的主持人，這一聞名國際的考古發掘因為戰亂始終沒有正式的考古報告，南港院內新建考古館落成，積極準備編纂考古報告工作，繪圖在撰寫報告中是不可缺少的，於是委託陳奇祿教授代為物色這方面人才，條件是擅工筆畫，對古物有認識。陳教授向藝專校友會總幹事王昌杰學長談起，立刻想到我是學工筆畫的，也曾追隨一些研究金石學的老先生們進出博物館，適合這些條件。

圖右：嫦娥奔月。
圖 56 頁：仕女冊頁。

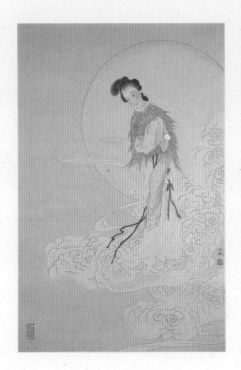

我被校友會推薦到中央研究院歷史語言研究所考古組來工作，那年是民國五十年，院長是胡適博士，所長是李濟博士。考古報告的繪圖工作除了要畫出土古物，也要畫地層現象，更要把破損器物加以復原。這必須要對古物形制有所認識。畫圖和作畫完全不同，一件器物要靠繪圖來說明它的身高，體厚，外形紋飾，各部位尺寸，絲毫不能有差，它純粹是寫實的、是客觀的。作畫則融有畫家的意識，表達畫家個人的精神，既使是再細緻的工筆畫，也不寫實而它是寫意的、是主觀的，這是繪圖與作畫最大的不同之處。中央研究院進駐南港初期交通不便，僻居鄉野生活枯燥，同仁發起組織「員工康樂促進會」分組舉辦康樂活動，我主辦「書畫組」原想書法和國畫並行，由於欠缺經費無力聘請書法教師，只由我義務指導國畫，每逢星期二，午休時間，大家不計工拙，前來塗鴉。從民國六十二年起到現在已有二十五個年頭，從未間斷。我在民國七十八年屆齡退休，仍舊每星期二來研究院指導國畫，從未間斷。

參加書畫組活動，沒有人想成畫家，大家認為國畫確是很好的休閒，研究院時常有國外學者來作研究訪問，住在學人宿舍多半有半年以上的停留，其中有美國、法國、日本、東歐的學者，他們的夫人也來參加康樂會的活動，到書畫組來的人比較多，有些洋太太原就會畫水彩油畫，有很深厚的美術造詣，初次接觸毛筆水墨，那種興奮之情溢於言表，書畫組無形中作了文化傳播，也是始所未料的。

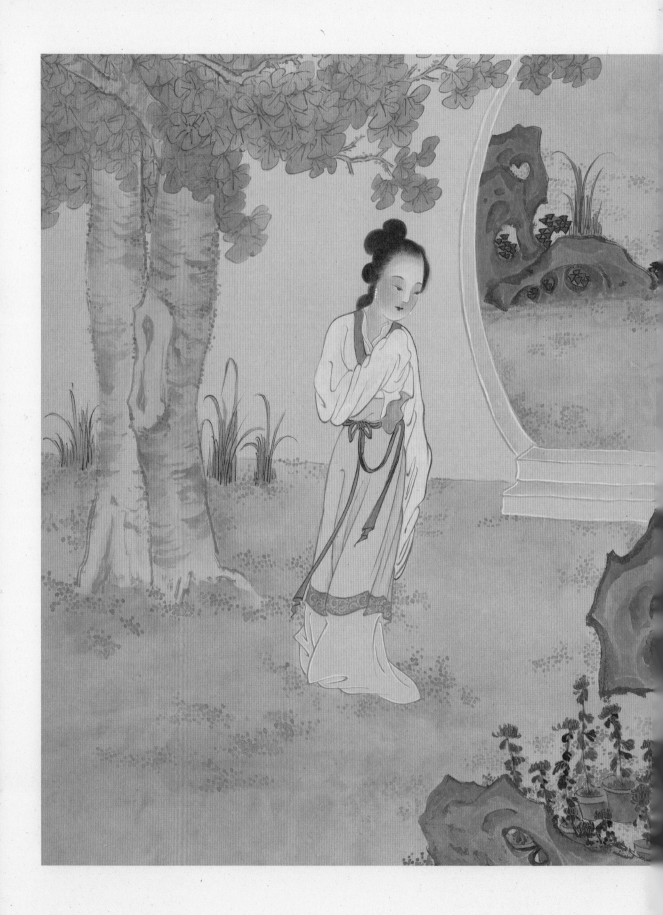

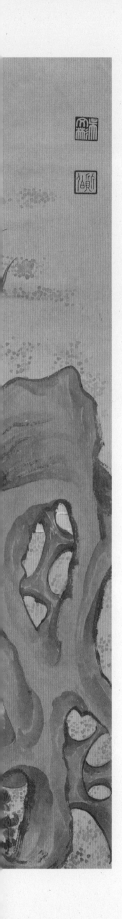

轉瞬已退休十年，每回憶往事，對美其名改革國畫實則破壞傳統，不能釋懷，願在有生之年，對推展傳統國畫略盡棉薄，欣然接受台北市立美術館及國立台灣藝術教育館講座，擔任工筆人物畫教席與台灣省立美術館典藏委員，全國美展籌備委員。來台五十年參加各項展覽超越百次以上，民國八十四年被提名最優國畫家，獲得畫學金爵獎。

台灣膠彩畫家多留學日本，此類畫法以重彩兌膠作為媒材，是中國唐宋時代傳統畫法，傳至日本發揚光大，因此膠彩畫與工筆重彩畫應屬同宗，台灣有發展工筆畫條件，因此民國八十年我們聯合各大專院校美術系工筆畫教授發起籌組「中華民國工筆畫學會」內政部立案為全國性人民團體，我當選了首屆理事長。開始與國立台灣藝術教育館合作主辦「海峽兩岸名家工筆畫大展」共舉辦兩次，邀請「台灣膠彩協會」參加，出版專輯，對大陸畫家起了催化作用獲得正面回響。

工筆畫學會爲有效推展工筆畫，出版專業期刊《工筆畫雜誌》除分發會員外並分贈各文化中心，圖書館、社教館、各大學藝術中心及相關文化藝術機構，亞洲各國及大陸各地。

在這半世紀中，繪圖與作畫成爲我的生活的全部，繪圖是我賴以維生的工作；作畫是興趣喜好，但不折腰求售，更不願受制於人。對服務三十年的中央研究院有種特殊的情感，如果要問這份情感的源頭，那就是「書畫組」。

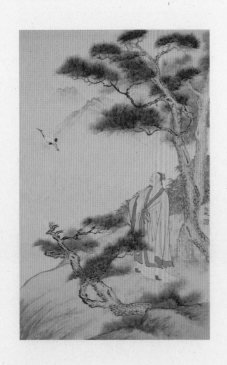

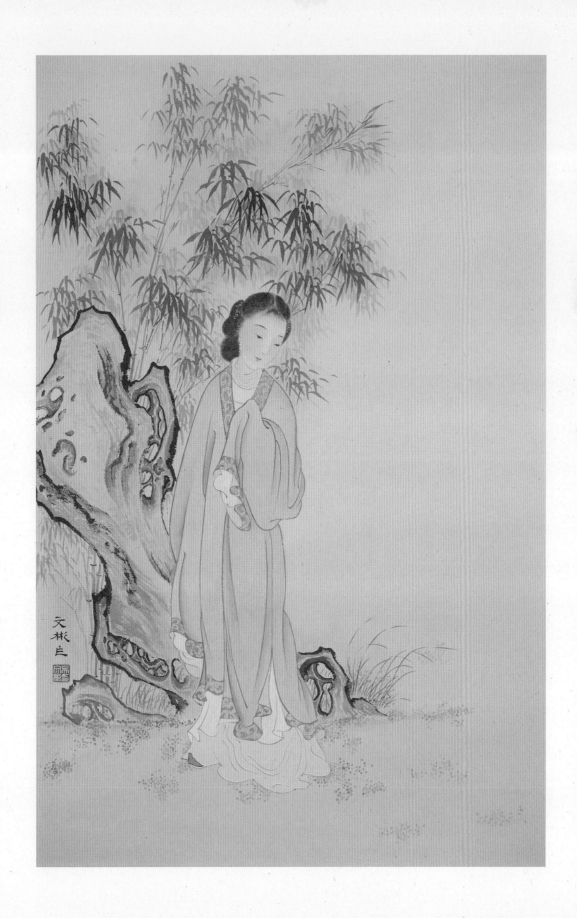

1990 年應教育部人文及社會學科教學通訊雙月刊所作

田野考古技術工作

吳文彬

壹・陶器篇

一

從事田野考古工作，不但對古代史要有研究，更要有辨識地層、土色、文化現象、遺存認定、和遺物探集的田野經驗。本文所謂的技術工作，是配合田野考古工作的專業技術，例如：古器物的復原、攝影、測繪、標本圖繪製、紋飾銘文的傳拓等。

考古發掘，首先要經過田野調查，確定這是一處古代遺址，然後進行試掘，如果認為有發掘價值，再訂計畫作正式發掘。被發掘的遺址，地層表面稱為「地面土」或「耕土層」，含有古代遺存的土層稱為「文化層」，沒有文化遺存的土層稱為「生土」。

從地層的疊壓可以判斷時代先後，因此土層的現象是重要的考古資料之一。中央研究院歷史語言研究所考古組，從民國十七年起到民國二十六年止，其間在河南省安陽縣，進行了十五次殷墟考古發掘，遍及小屯村、侯家莊、王裕口、四盤磨、南霸台、武官村、大司空村、洹河兩岸。最下地層發現史前「龍山文化」遺存，在上面有殷商文化層；再上，有漢代和隋唐時代墓葬。

發掘出土的遺骸或遺物，習慣上都稱之為標本，當一件標本出土，首先要注意觀察這件標本有沒有附著了其他物質的痕跡，例如：蓆紋、編織紋、漆皮、朱砂等，因此在田野探集的標本，經常帶著很多泥土運回，經過辨識確定沒有附著物時，再予清洗整理。

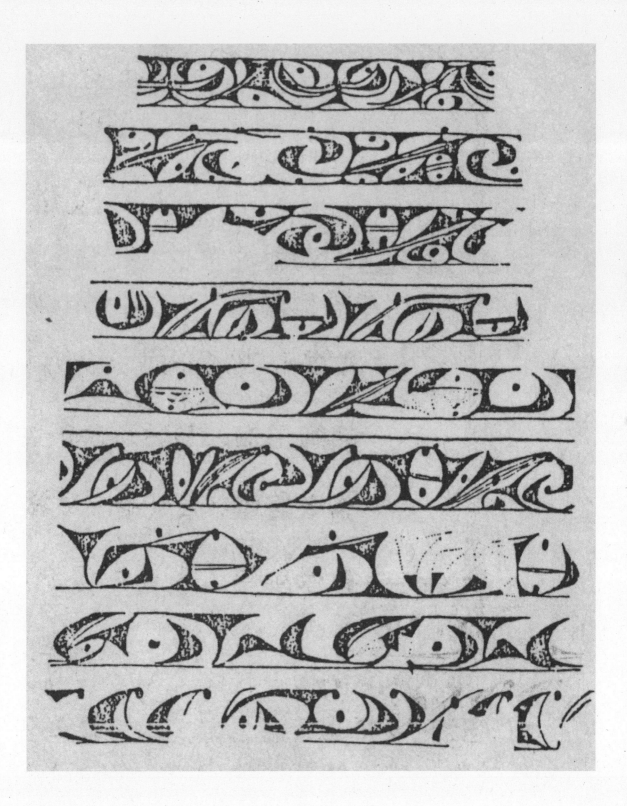

廟底溝類型之「仰韶彩陶」紋飾。

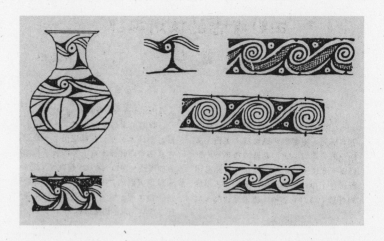

二

田野考古探集的標本，最常見到的就是陶器碎片，陶器在史前文化佔有重要地位，考古學家以陶器訂定文化期，如「彩陶文化」、「黑陶文化」等。

新石器時代中期，在我國北部，有一個以農業為主的文化系統，因為最先發現於河南省澠池縣的仰韶村，稱為「仰韶文化」，這一文化期，所使用的陶器有彩繪紋飾，又稱為「彩陶文化」。

比「彩陶文化」較晚，另有一個史前文化，分布在黃河下游，因為最先發現於山東省歷城縣的龍山鎮，稱為「龍山文化」，這一文化期，所使用的陶器多數是黑色的，又稱為「黑陶文化」。[1]

雖然陶器在考古學中如此重要，但我國早期一些金石學家們，對於古陶器，並沒有給予重視。據已故考古學家李濟博士表示：早年研究古器物的人，一向秉持「無文不錄」的原則，由於古陶器很少有銘文，因此也就得不到他們的注意了。[2]

古代陶器除了容器之外，也有生產用具，如陶網墜是捕魚工具，陶紡輪是紡織工具，陶范是鑄造工具。

圖左：馬家窯類型之「仰韶彩陶」紋飾、「仰韶文化」彩陶紋飾。採自蕭璠著：先秦史。
圖中：龍山文化之黑陶「蛋殼陶高足杯」。採自中央研究院文物陳列館簡介。
圖右：殷代陶製生產工具：上為網墜，下為紡輪。採自中國考古報告集 1001 號大墓。

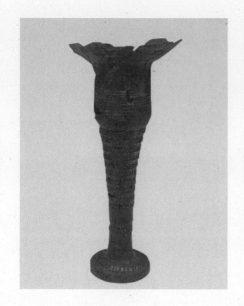

出土的陶器標本，完整無缺固然可喜，如果是破碎的陶片，依然是寶貴的標本，具有考古學術價值。破碎的陶片，經過拼合復原，使得已經破碎的陶器，重現原有風貌，這種復原的技術，必須對古陶器形制格外熟悉，才可以勝任。

談到古陶器形制，在器物學方面有極詳細的分類，我們列舉一二，首先是器底的形制，分平底、圜底。器底以下有沒有器足，如陶豆是圈足，陶鬲是三足。器身的腹部週壁，有上直下凸的，也有上凹下凸的。陶器中，如陶尊和陶罍，腹部以上有肩，分為方肩、圓肩。口部唇形有的在製造時加厚了，有的卻削薄了。[3]

用原始方法製造陶器，陶器製成之後，會留下很多製造痕跡在陶器上。

在使用輪轉拉坯還沒有發明之前，古人製造陶器，先和泥，把泥揉成長條，用泥條做成泥圈，然後一圈圈堆積起

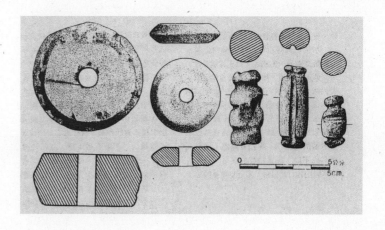

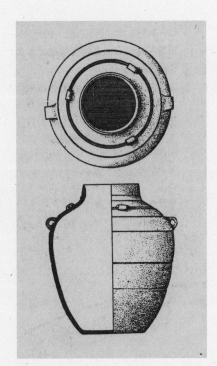

來，成為陶坯，稱作「圈泥法」。也可以用長的泥條盤旋繞成一個陶坯，稱作「盤泥法」。無論圈泥或盤泥，泥條與泥條之間必須抹平合縫，為了陶坯更堅致，用木製陶拍拍打，陶拍有纏繩、纏麻、纏草的不同，經過拍打的陶坯，都會留下不同的拍打的痕跡。[4]

三

由於陶器製造過程而留下了拍紋，成為一種自然的紋飾，有些陶器為了裝飾而增添的紋飾有：印壓紋飾、刻劃紋飾、雕刻紋飾、捏塑紋飾，繪畫紋飾等，這些陶器紋飾，在繪製陶器標本圖時，都要忠實的描繪出來。

標本圖的繪製，是屬於編纂考古報告的一部分，當一處遺址被發掘，所獲得的器物標本，每件都要攝影繪圖，在考古報告中發表。繪製器物標本圖，是面對標本實物作畫。對標本安放的位置，光線投射，都要有所選擇，在開始繪圖之先，先用鉛筆畫一條水平線，從水平線中央向上畫一條垂直線，這條垂直線也就是圖中縱切線。縱切線的一邊描畫器物標本的外貌，另一邊測畫器物標本的厚度。

以水平線為起點，沿垂直縱切線測量器高、器深，然後分別畫出器足、底、腹、肩、頸、口唇的形制，再畫器物紋飾，如果紋飾週連不斷，需要以展開的畫法，把全部紋飾圖案攤開在一個平面上，可以一目瞭然。

圖左：陶器製圖範例。採自殷墟陶器圖錄。
圖右：殷墟出土之白陶豆紋飾圖案展開圖。
採自中國考古報告集殷墟器物甲編。

四

陶器標本的拍紋，是製造過程中自然形成的，印紋、刻紋是信手刻畫壓印的，沒有經過構圖的紋飾，只能描繪整體情形，很難畫出每一紋痕的細節，在這種情形之下，就需要借助傳拓的方法，來補充繪圖的不足。

清末古器物學家陳介祺，曾寫過一篇傳古別錄，論述傳拓的方法，對於古陶器的傳拓沒有談，只說到有字的磚瓦和封泥以及用於鑄造的陶范，他說：「磚瓦泥封，須上白蠟後乃可拓，土范同。」[5] 講到到傳拓方法：「芨水上紙，以紙隔勻，去濕紙，再以乾紙墊刷擊之。」[6]

為了免傷器物（尤其是青銅器）用白芨水上紙，另紙覆蓋，

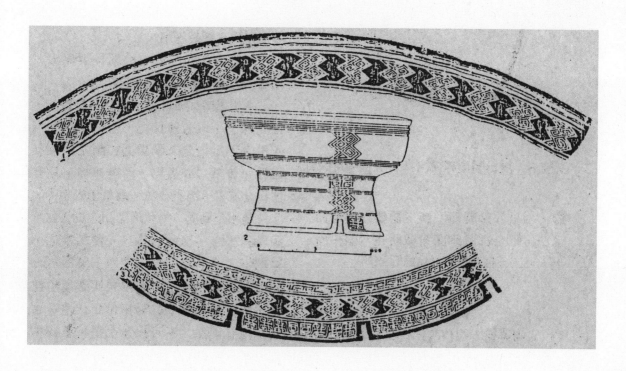

把水份隔勻，再覆新紙墊著刷子捶拓，所用紙張以質薄而堅的宣紙最適用。

拓墨用拓色，內包棉絮外裏黑緞，拓墨的方法，傳古別錄有詳細說明：

「上墨時以筆抹墨，塗於小碗蓋上，或瓷碟上，包速揉之，令勻，乾則再上墨，不可以包入聚墨處，蘸之使棉有濕點，著紙即成墨點，即需易棉。近有使棉全濕者，究不合法，最易墨入字中，包外墨用不到處，易積而忽用之則墨重，須常揉去之，帛敝則易包，鬆則紮之，緊則不入字，鬆則易入字。上墨須視紙乾濕，濕而色略白，即用包揉濃墨少乾趁濕上一遍，令少乾再拓，此一遍最易蓋紙地且潤然，不可接連上墨，須膠不黏，手再啓，方黏不起紙。」[7]

傳拓的紋飾呈黑地白紋，清楚的顯現陶器拍紋及刻劃的刀法。

一件出土的標本，經過攝影存真，可以看出器物的外貌。經過繪圖，測出器物的高、寬、深、厚的數據，紋飾圖案也經過繪圖清晰的呈現出來。利用傳拓的方法，拓出器物銘文筆畫，製造紋痕，刻劃刀法。

透過這麼多層的技術處理，獲得完整的器物標本資料，這也就是考古技術工作者的成果。（本文作者從事考古技術工作，曾為中央研究院歷史語言研究所考古館編審）

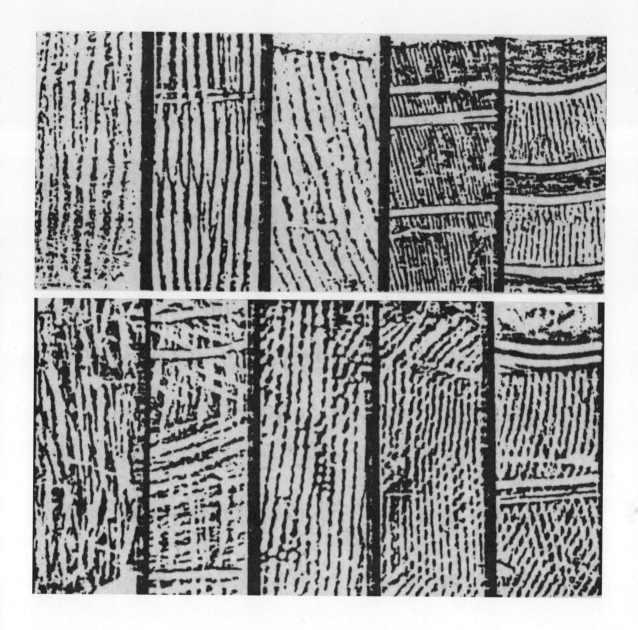

製陶拍打痕跡拓本。採自中國考古報告集殷墟器物甲編。

註釋：
1. 參閱中央研究院歷史語言研究所文物陳列館簡介。
2. 參閱李濟著：殷商陶器初論，中央研究院歷史語言研究所專刊之一：安陽發掘報告第一期。
3. 參閱李濟著：殷墟器物甲編陶器上輯：中國考古報告集「小屯」第三本，中央研究院歷史語言研究所出版。
4. 同 3。
5. 參閱陳介祺著：傳古別錄：美術叢書第二輯第二集，台北藝文印書館印行。
6. 同 3。
7. 同 3。

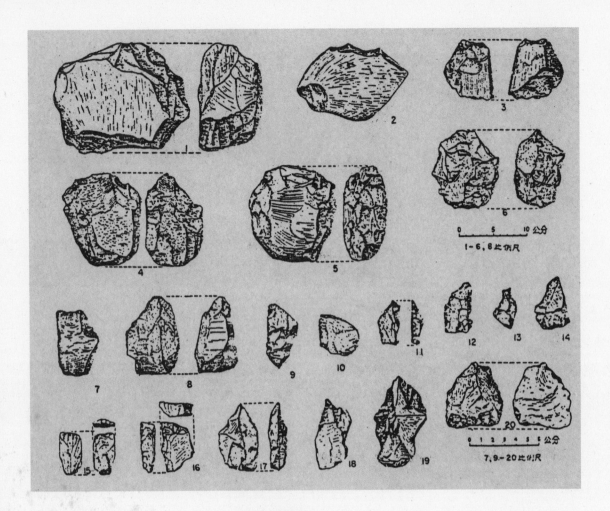

1-6,8比例尺

7,9-20比例尺

貳、石器篇

一

位於台北的國立歷史博物館內，以前有一處展覽「北京人」生態的專室，利用聲光效果，配合模型展出，頗能吸引觀眾。看過這個展覽，必定會聯想到，這一時代的原始人類，赤手空拳，利用簡單的石器與大自然搏鬥的艱辛，他們的智慧展現，就在這些簡陋的石器上。

用石頭打石頭，偶爾在打下的石塊上，出現一條鋒利石刃，如果打下的塊沒有石刃出現，就要運用智慧，來替石塊加工，在邊緣地方加以砸打，直到打出可資利用的石刃，用這些有刃的石器來求生，考古學家稱這一時代為舊石器時代。

圖左：北京人的石器。採自蕭璠著先秦史。
圖右：山頂洞人的石器，骨針，及有穿石器。採自張光直著：The Archacology of Ancient China.

舊石器時代的遺址，在我國的山西、陝西、河南、河北、湖北、雲南，各地都曾有發現。我們熟知的「北京人」遺址是在河北省房山縣的周口店。[1]

考古學家在周口店山區的上部，又發現了「山頂洞人」的遺址，從遺物中觀察「山頂洞人」的石器，在製作上有了很大不同，其中有鑽穿成孔的石器，此外還有一些石器發現有了磨擦的痕跡。一件砸打過的粗糙石器，再經過磨製，自然就更為適用了，有穿孔的技術，可以在有「穿」的石器上加繩索或皮條，挽在手上，或綁在木棍上，遠比徒手拿石塊工作更為得力便捷。

由於生產工具的改善，也改變了原始人類的生活，發展農、漁、牧、畜事業，求得安居樂業的生活，考古學家稱這一時代為新石器時代。

二

從史前時期，進入了歷史時期到商代，發明了冶金術，鑄造青銅器，稱為「青銅器時代」，這一時代對於石器的使用，依然是很普遍，一般民間工匠，仍舊使用石刀、石斧、石碴…不過這時候的石器，比起史前石器，在製作方面更為精緻，同時更發展了用玉或類似玉的石來製作容器、兵器、裝飾品、建築材料。

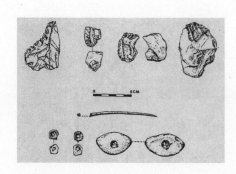

談到玉，我們會想到軟玉和硬玉，不過古代對玉的認識和現代不同，依照許慎在「說文解字」中解釋：

「玉，石之美有五德者，潤澤以溫，仁之方也，鰓理自外，可知其中，義之方也，其聲舒揚，專以遠聞，智之方也，不撓而折，勇之方也，銳廉而不忮，絜之方也。」[2]

古人認爲凡是漂亮的石頭，只要是色澤溫潤，表裡一致，敲擊時聲音悅耳，質地堅脆，都算是玉，那麼蛇紋岩，綠松石，其至於大理石，也都符合這些條件，想必也都認爲是玉。已故考古學家郭寶鈞先生在《古玉新銓》中說：

「……當時既石玉不分，故其治玉方法，仍以製石方法製之，以製石方法治玉，所製形制，自仍爲石器之形制，在今日觀之，其質若爲石也，吾人即名之曰石器，其質若爲玉也，吾人即名之曰玉器，而當日之實用則一也。」[3]

在殷墟出土的遺物之中，有很多大理石製品，在當時這些大理石製品很可能都被認爲是玉器，在處理古器物標本時，乃照郭寶鈞先生的銓釋，以器物本身質地爲準，是玉質的稱玉器，是石質的稱石器。

三

商代對石器的使用既然非常廣泛，對於石器製造，也有了相當進步的技術，李濟博士於《殷墟有刃石器圖說》中，對石器製造方法，作了一次歸納：

殷墟所留存的石器，所透露的攻石技術有：①壓剝法：這一攻石技術是舊石器時代後期即開始採用的做法，例如：小屯出土石箭頭，全身及邊緣皆滿佈壓剝留下來的如細鱗形的小疤痕。（見圖：1）②打剝法：例如：有肩的鏟形器，實由製成之長方形鏟形器順著兩側的上半段，由頂端向下，各打剝一長條而成。（見圖：2）③硾打法：硾打留下來的痕跡，大的成塊狀，小的作細粒狀，硾打的方向是直下的，近代石工仍沿用此種方法硾擊建築石面。（見圖：3）④啄製法：啄製法類似硾製，惟工具如鳥啄或如槌形，用作攻擊的一段近於錐狀，攻石的程序有似啄木鳥

從石器標本中所見到的攻石技術。
採自李濟著：殷墟有刃石器圖說。

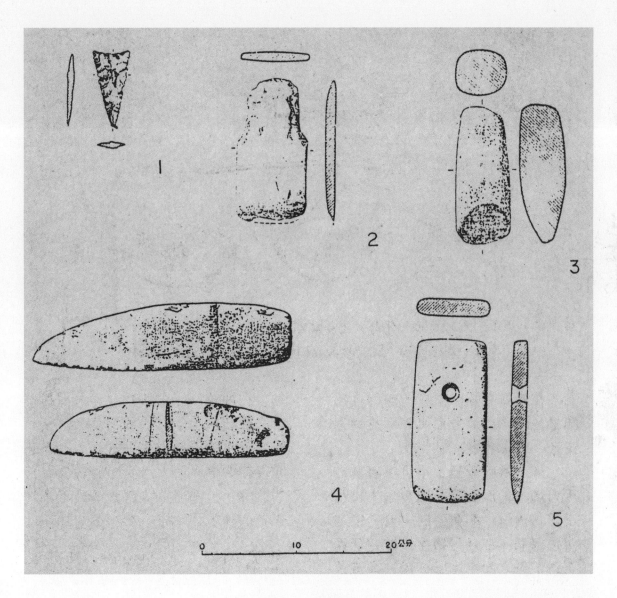

之啄木，如無固定之方向，所留痕跡或與硾製所留之細粒
狀無異，若縱橫各有先後，往往平行排列，不相紊亂，或
交錯如網線，小屯石刀大半由此法完成。（見圖：4）⑤
磨製法：磨製可分三等。（甲）粗磨，與銼製法相同，用
粗砂石磨成，砂痕仍留在器面， 石刀的鋒刃大半由此法
完成。（乙）細磨，磨擦痕跡不顯，眼看去已成平的表面。
磨製工具，大概是細粒砂石，決非粗粒砂石，殷墟的鏟形
器，大部份的有孔石斧，皆為細磨作品。（見圖：5）（丙）
磨光，發光潤的玉質或近玉質各器，更需要進一步的細磨
法，大概現代玉器作，所用的細砂蘸水法，在那時代已十
分習用。[4]

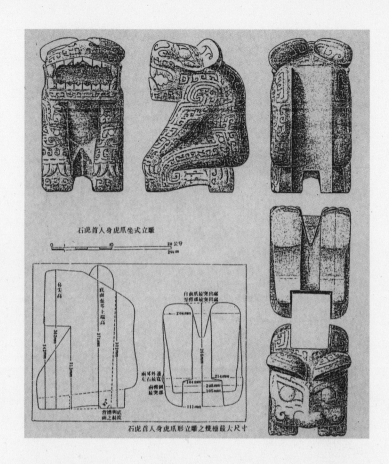

石虎首人身虎爪坐式立雕

石虎首人身虎爪形立雕之幾種最大尺寸

從事考古技術工作，處理石器和玉器標本，若先對製造方法有所瞭解之後，面對標本，很容易看出它加工製造的過程，從這些過程可以發現製造或加工的痕跡，這都是古器物研究的重要資料。

一件標本建立起完整資料，除去出土基本資料如：出土地、深度、質地色澤、保存狀況等等之外，還要攝影繪圖，顯示出那些加工製造的痕跡。

繪圖石器標本圖，如果是鋒刃器，首先注意的是鋒刃部份，是屬於單面刃或雙面刃，鋒刃的部位，是打製或磨製，更要注意的是打痕和磨痕。

有「穿」石器，鑽孔的方法是從單面鑽入，還是雙面相對鑽入，一面鑽成或兩面鑽成，在繪製剖面圖時應該明白顯示出來。（見 71 頁圖：5）

圖左：殷墟出土大理石雕：「虎首人身虎爪坐式之雕」六面圖。
圖右：殷墟出土大理石雕：「石鴞形之雕」六面圖。
兩者皆採自中國考古報告集之三，侯家莊，1001 號大墓。

四

中央研究院歷史語言研究所考古組，曾在河南省安陽縣作殷墟考古發掘，出土很多石器和玉器，有鋒刃器、容器、樂器、祭祀用的禮器，有圓雕、浮雕，一般裝飾品等。

安陽縣候家莊是殷商陵墓地區，在第一〇〇一號殷商大墓中出土的大理石雕，其中最受矚目的兩件：一件是「虎首人身虎爪立雕」；一件是「石梟形立雕」，這兩件大理石雕通體密佈紋飾，紋飾線條用凹入的陰文刻出，現正在國立故宮博物院專室陳列展出。

這兩件石雕身高超出三百厘米以上，繪製這樣標本圖必須採用六面繪圖法，即是前、後、左、右、頂、底等六面，是屬於高難度的製圖。[5]

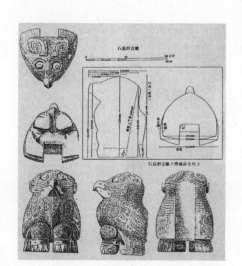

石梟形立雕
石梟形立雕之體積尺寸

殷墟出土的石容器如石豆、石盒、石盂、石簋，形制與陶器銅器相似，仍依陶器製圖方法製圖，其中最零散不易辨識的是那些嵌片，原是鑲嵌在其他器物上的附屬品，如今原器朽毀了，嵌片無以附著，紛紛散落，對這許多嵌片的處理，最主要的是辨明原鑲部位，瞭解整體圖案的組合，某一嵌片屬於圖案中的某一部份，如果可以連結復原，應該予以復原。[6]

殷墟出土石玉器之中，有不少玉質或近似玉質的兵器如：戈、戚之類製作精美，考古學家認為這些精緻的玉戈玉戚，不一定是陣前實兵，因為此時已有青銅兵器大量生

產，似乎不需要再使用石玉製作的兵器，很可能是供作儀
仗之用的。

玉璧、玉環、玉笄及各式玉珮，有的用於祭祀的禮器，有
的屬於裝飾品，製作十分精美，比較近代玉器的製作並不
遜色。以筆者經驗，繪製石玉器標本、粗糙的石器、殘破
風化的石器，以及有紋飾的石器，都比較容易表現，光亮
細緻完整無缺的石玉器標本比較難以畫出它的特點來。

紀錄一件古器物標本，出土現象，形制紋飾，最直接的方
法便是繪圖，繪圖在考古技術工作中佔有重要部份。古器
物嚴格說來沒有兩件完全相同的，與現代大量生產物品不
同，幾乎每件標本都是新面目，從事這樣工作，可以說是
很具有挑戰性的，每當一件標本圖完成時，也如同完成一
件藝術作品，獲得無限快慰。（本文作者從事考古技術工
作，曾爲中央研究院歷史語言研究所考古館編審）

殷墟出土石嵌片。採自中國考古報告集之三，侯家莊，第 1001 號大墓。

註釋：
1. 參閱蕭璠著：先秦史，台北長橋出版社出版。
2. 參閱漢、許慎著：說文解字，台北藝文印書館出版。
3. 參閱郭寶鈞著：古玉新銓，收入歷史語言研究所集刊第二十本，中央研究院歷
   史語言研所出版。
4. 參閱李濟著：殷墟有刃石器圖說，收入歷史語言研究所集刊第二十三本，中央
   研究院歷史語言研究所出版。
5. 參閱高去尋輯補：中國考古報告集第三本，第 1001 號大墓，中央研究院歷史
   語研究所出版。
6. 同 5。

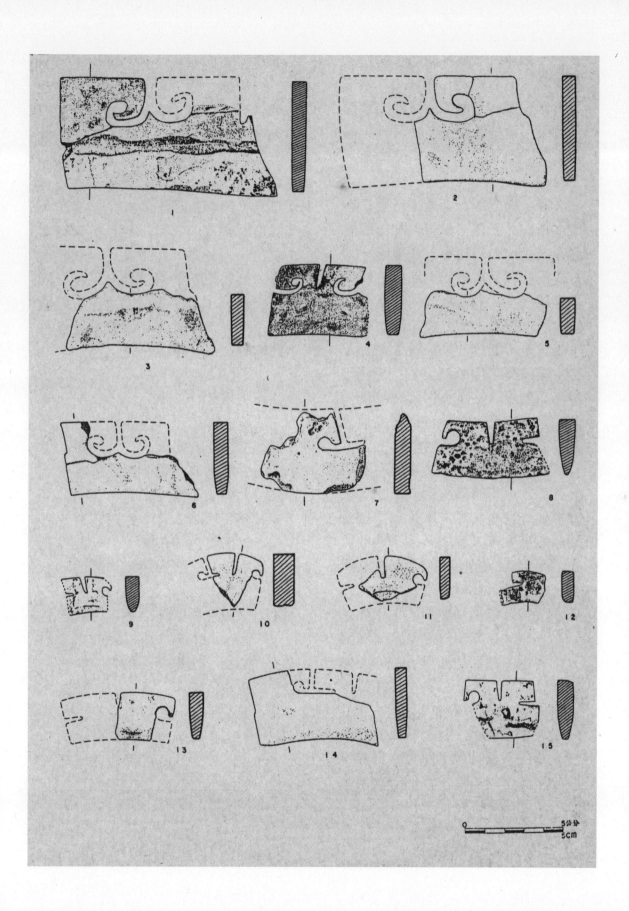

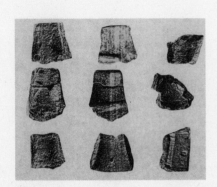

參、銅器篇

一

「石器時代」過後，接踵而來的是「銅器時代」，「銅器時代」是從甚麼時候開始的，考古學家郭寶鈞先生在「中國的青銅時代」說：

『在「石器時代」之末，尚有一段「銅石並用時代」，這一時代的銅器屬於純銅，因為是紅色稱紅銅，硬度不如燧石堅利，產地也不如石材普遍，紅銅的發現，對當時「生產面貌」改變不大，「銅石並用時代」也就不與「石器時代」畫分了。』

何謂青銅，青銅是對紅銅而言的。「青銅時代」之前，還有一個「紅銅時代」，紅銅是純銅，其色紅，故名紅銅，紅銅礦石有天然存在的，「石器時代」的人們，揀取製器材料時，偶有遇到銅礦石，仍把它當作石材來處理，錘打、敲擊、剝製、琢磨，在處理過程中，發現它的性質不與石材相同，不易劈裂，剝落，並可以錘薄，可以拉長，又能發出燦爛的光輝，於是把它製成小器物或裝飾品，用以佩戴，這是紅銅初發現的情形，所用的方法叫做「冷鍛法」。

後因某種場合，某種關係，也或許在野火燎原時，偶然把紅銅燒為液體，火熄後又復凝固，但已改變了原來形狀，以此啟示，遂誘導人們發明「熔鑄術」，這是「紅銅時代」較進步的階段。

安陽出土碎陶范之一部分。採自古器物研究專刊。

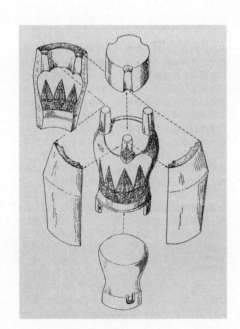

「塊范法」鑄造銅鼎模與范示意圖。採自古器物研究專刊。

....

自有「熔鑄術」，人類對自然界的銅礦石，就得到進一步的控制，可以製成多種器物。它比石裂工具，顯有不同的三點：它可以展可以延，錘煉不破，鋒刃耐用，與石器之易於破碎者不同。它鑄器可大可小，隨意賦形，與石器之受製造法侷限者不同。它使用期限極其耐久，用敝時還可以改鑄，與石器之一破不可再合者不同。紅銅具此三點，自然較石器為優。不過紅銅硬度低，不如燧石的堅利，它的產地有限，也不如石材普遍，以此紅銅的發現，對於社會經濟「生產面貌」改變不大，學者把「紅銅時代」叫做「銅石並用時代」。仍附在「石器時代」之末，不與「石器時代」區分。

青銅是紅銅加錫的合金，因顏色青灰故名青銅。一般合金熔點比原來金屬熔點低，硬度比原來金屬硬度高，體積比原來的金屬略為漲大，銅錫合金亦正是如此，[1]青銅鑄器因此而大行其道。

考古學家李濟博士，民國四十三年在美國華盛頓大學擔任訪問教授時，曾公開演講三次，內容經整理後，以「中國文明的開始」為名，由華盛頓大學出版，其中談到中國的「青銅時代」，他以保守態度說：

『以目前所獲知識而言，中國的「青銅時代」，約當公元前一千五百年之間，實際上「青銅時代」當然不止持續了一千年。』[2]

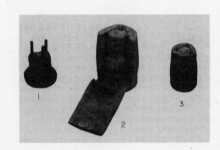

「塊范法」鑄造銅鼎的模與范。採自青銅器賞析。（ 1.黏土塑造模型。2.外范製成，模型刮削成為心型，有了注入熔銅的空隙。3.合范準備鑄造銅鼎。）

近年來考古學者不斷從事田野發掘，發現商代早期的遺址遺物，青銅器的製造與使用的年代，也因此向前推展了許多。

自商代經過西周、春秋、戰國各時代，遺留下有相當數量的青銅器，從事田野考古的工作者，在河南鄭州南關外紫金山等地，安陽孝民屯及小屯村東南的苗圃北地，都曾發現過商代鑄銅作坊的遺址，在這些地點發現有大量碎銅范、煉鍋、木炭、紅燒土、煉渣等遺物。在安陽還出現過孔雀石（銅礦）。其中苗圃北地遺址的規模極大，面積超過一萬平方公尺，出土的碎銅范即多達三千八百餘塊。[3]

二

陶范是鑄造青銅器所使用的外范，每當準備鑄造一件青銅器之前，必須先要用粘土塑造一座模型，這件粘土模型塑成之後，等它陰乾，開始在模型上雕刻花紋，紋飾製作完成，下一步驟是進行翻模工作，翻模依然是用粘土，敷在模型的四周，為了容易脫模，敷在模型外面的粘土相隔成為數塊來翻製泥模，這些泥模就是鑄銅用的外范，此時模型上的紋飾，毫無遺漏的反印在范上，至此製范工作告一段落。

外范製成之後，再把雕有紋飾的泥塑模型加以刮削，模型經過刮削之後，體積自然就縮小了一些，此時把外范合攏起來，模與范之間因為刮削而有了空隙，從這空隙注入熔銅，空隙愈大，鑄成的銅器器壁愈厚，反之則空隙愈小器壁愈薄。

經過刮削後的模型稱為「心型」，與製成的外范同時加火低溫燒成陶質，使其質地變硬，以求注入熔銅時「心型」與外范保持穩固，熔銅注入經過冷卻之後，打破外范挖出「心型」，取出鑄成的銅器，這種鑄造稱為「塊范法」。

「塊范法」鑄造青銅器，一套外范和「心型」只能鑄造一件，因此商周時代遺存的青銅器，因為是用「塊范法」鑄造的，所以沒有兩件完全相同的。

由於使用「塊范法」鑄造青銅器，范與范之間必然留有鑄造痕跡，這種鑄痕稱為「范線」，因此「范線」也就成為鑑定青銅器是否為「塊范法」鑄造的不二法門。

三

從事考古技術工作，如果對古器物標本的製造過程能有所瞭解，對於標本的測繪，紋飾的分析，殘器的復原，都有很大幫助。

一件青銅器出土，往往被壓變形，尤其是殉葬明器最易受損，因為古代墓葬，很多是填土後經過夯打的，[4]夯打過的土堅硬無比，如何去掉銅器上的土銹，古器物學家陳介祺在「傳古別錄」中說：

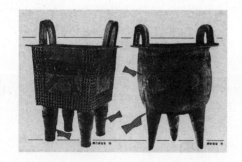

「凡古器銹之厚者，先用淘米水漬之數日，取出再用山楂大紅色者，去淨皮核，用杵臼搗如泥，敷於銹上，要攤平分許厚。俟九成乾便揭去，不可令過乾，亦不可不到九成乾，揭之後，趁其潮潤，將銹用竹刀或鈍鐵刀用力刮去土銹，去不動即用山楂泥如前次敷之，如此數次，銹未有不能去之者，切不可勉強致傷古器。」[5]

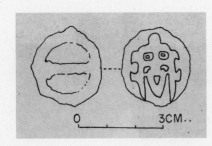

記得筆者服務中央研究院歷史語言研究所期間，隨考古學家石璋如院士整理殷墟出土的車馬器，其中有一件青銅小型圓泡，體形比一般鈕扣略爲大些，正面凸起一層很厚銅銹，從外表看來，無疑的是一件無紋飾素面銅泡，不過經過比對測量，它的長寬厚度，與同時出土的素面銅泡相比較並不相同，而且銅泡表面墳起異常，銅銹有鬆動現象，經石院士同意，試用竹籤挑起一塊銅銹，銅泡正面赫然現出一幅完整的蟬紋，它竟是一件蟬紋銅泡。

歷史語言研究所考古組，田野發掘所獲得古器物，都盡量保持原狀，尤其青銅器，不隨意做除銹工作，惟恐對古器有傷。這一件蟬紋銅泡在河南安陽小屯村出土，隨中央研究播遷四川，抗戰勝利之後復員南京，又從南京運來台灣，前後約有半個世紀，始終認爲這是一件無紋素面銅泡，不料日久土銹鬆動，顯出原有紋飾爲蟬紋銅泡。

青銅器長期埋藏地下，經過酸蝕，氧化或硫化等作用，形成綠褐色，偶爾有發藍偏黃，或草綠銹色，這些古雅的銹色，可以保護銅器表層，不再受到侵蝕，銅器與氯化物接觸時，生成氯化亞銅，再遇到空氣中氧和水份，即生成「惡性銅銹」繼續侵蝕銅器。因此放置銅器的地方，要遠離氯化物，降低空氣濕度。接觸銅器先戴好手套，以防汗手。放置青銅器，桌面預舖毛毯或棉墊，以防碰撞，無分器物大小，一手限執一件，以防兩件在手相互磨搓致傷。

四

傳世的商周銅器，大約可分爲容器、兵器、樂器、車馬器等四類，容器方面如鼎、鬲、甗、爵、斝、觶、尊、罍、盂、鑑、壺、卣、瓿、甗等，其形制多從陶器演變而來的[6]。早先可能爲日常用品，後來漸成爲祭祀的禮器和殉葬的明器。

圖左：蟬紋銅泡的正面與背面。摹自中國考古報集。
圖右：商周銅容器。採自中華五千年吏。

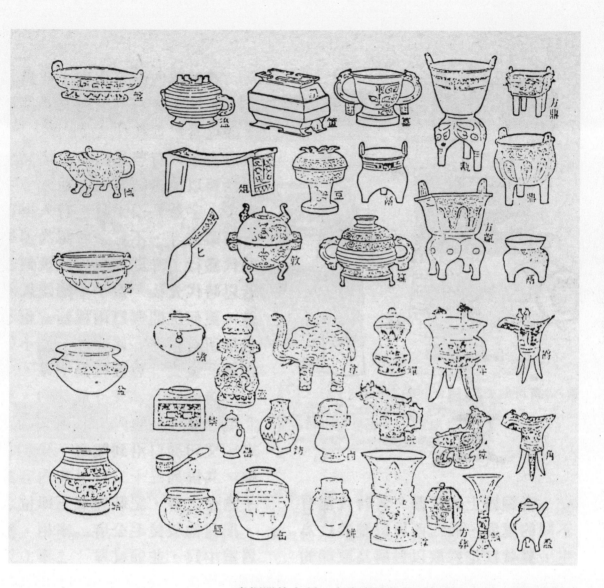

青銅器的名稱，在商周時代是否如現在名稱，國學大師王國維說：「凡傳世古禮器之名，皆宋人所定也……若干古代禮器各具有自己的名稱，宋朝學者因以名之；也有若干古器雖刻銘辭，但銘辭中無本名，宋人更依形制而定名，後人沿用。」[7]

因此考古學家當提到古器名稱，不直呼其名，例如：鼎稱為鼎形器，觚稱觚形器，爵稱為爵形器等。

在兵器方面，青銅鋒刃器如：戈、戟、刀、劍、斧、鉞、矛、鏃等，弓有銅弓飾，商周兩代均有銅冑，西周以後出現各式甲泡。在樂器方面如：鈴、鉦、鐘、鼓、錞于等。

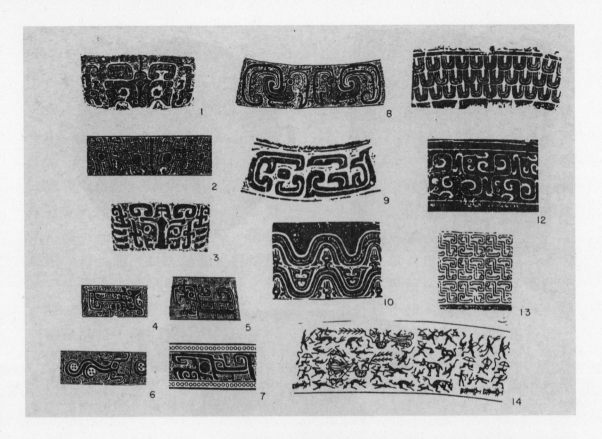

青銅器中形制最繁的便是車馬器，車乘形制各時代不同，車馬器是附屬於車乘馬匹的裝飾品，不是獨立器物，若要辨認爲數衆多的車馬器並不是一件簡單的事。對古代車乘有深入研究的石璋如院士有一篇「殷代車的研究」，提到整理分析殷代車坑，劃分出若干部份：一、輿部，二、軸部，三、衡部，四、軛部，五、輈部，六、轙部，七、輪部。各部份都有不同的青銅飾件。[8]

五

青銅器上的紋飾，各時代也有不同的風尙，商代西周以饕餮紋爲主，饕餮紋是探取以對稱爲原則的顏面紋飾，現代學者稱爲「獸面紋」，它的構成，以鼻爲中線，眼、眉、角、爪、耳，皆兩兩相對，左右成雙的呈現在器物表面。紋飾間的空隙，除了用雲雷紋爲主要襯底以外，還利用夔鳳等動物紋爲輔，其他也有以乳丁紋，圓渦紋作爲主要紋飾。西周也有以鳥紋爲主要紋飾，稍晚又有環帶紋、竊曲紋、麟紋等，這些紋飾已經打破了傳統對稱的格局。

商周青銅器紋飾舉例。採自青銅鑑析。
（1~3 饕餮紋，4-7 夔龍紋，8 鳥紋，9 窈曲紋，10 環帶紋，11 麟紋，12-13 蟠螭紋，14 狩獵紋。）

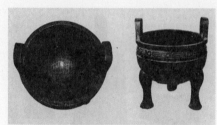

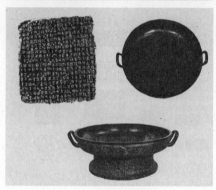

春秋戰國之際，流行蟠螭紋和以宴樂、狩獵、攻戰為主題的紋飾，還利用鑲嵌技術，發展錯金錯銀和鑲嵌紅銅綠松石等紋飾，至此青銅器的紋飾更趨華麗。

青銅器內鑄有文字，稱為「銘文」，早年金石學家稱為「款識」。商代青銅器往往在器內只鑄一個象形文字，有些是沒有「銘文」的。西周以後青銅器內「銘文」字數漸多，字體也漸工整，有人稱它為「鐘鼎文」，不過學者認為鼎早在商代盛行，鐘則在西周以後興起。若以時代先後，似乎不應該鐘前鼎後，更何況鼎與鐘兩種器物也不能包括所有銅器「銘文」，則不如稱之為「金文」意義較為明確。

青銅器「銘文」最多的，首推「毛公鼎」，腹內有「銘文」五百字，文句從口沿到腹底，分左右兩幅，共排列三十二行，其內容為天子誥命之辭，記載周宣王即位之初，冊封他叔父毛公瘖為宰相，輔弼周室中興，並頒賞厚賜之事。

其次是「散氏盤」，腹內有「銘文」三百五十七字，共排十八行，其內容為西周晚期矢國侵掠散國的都城，後來議和，矢國割地兩處賠償散國，以及土地交接事宜。

另外「宗周鐘」的「銘文」也有一百二十字，其內容記載周昭王時，南方濮國君主濮子侵犯周境，昭王親自帶兵征討，直搗濮國國都，濮子臣服，出迎周昭王，同時東方與南方的二十六國代表，也一起來拜見，昭王感激上天神佑並祈先王賜福子孫，鑄造此鐘，永保天下太平。[9]

散氏盤及腹內銘文。國立故宮博物院收藏。

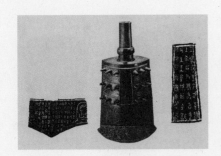

六

記錄一件古器物，最直接的方法 就是繪圖和拓墨，商周時代青銅器的形制和紋飾非常繁複，繪製這樣的古器物，往往有不知從何下手的感覺，此時無妨面對器物先作一次分析，仔細觀察它的外形，如果是容器，先自口唇部份觀察，依次是頸，肩，腹，足，是圈足還是三足，底是平底還是圓底，除此之外，耳、蓋、鋬、鏈的形制如何，一一觀察清楚，仍照陶器繪圖方法，先畫一水平線，再畫一垂直線，量得器高尺寸，再分段作多點測量，畫出器形初稿，垂直線一邊畫紋飾，另一邊畫器物剖面厚度。

青銅器之紋飾至為繁密，動筆之前，最好利用放大鏡仔細觀察一遍，先認清主體紋飾，如果是饕餮紋，須從鼻、眼、眉、角、耳、嘴、足、爪，觀察何處凸起，何處凹下，兩旁相輔紋飾是何類圖案，塡地的雲雷紋是雙線還是單線，是左轉還是右轉，整個器物紋飾經過細讀，掌握圖案的連貫性，繪製圖案就不致顧此失彼，如果邊看邊畫，最後可能難以鬥合，前功盡棄。若紋飾圖案不清，雖用放大鏡也難以分辨時，可以先用薄紙蠟墨局部輕拓，圖案移至紙面比較容易辨認。[10]

蠟墨輕拓對於辨識紋飾比較方便，如果探集紋飾圖案或銘文，仍需使用傳統拓墨方法。拓墨方法，已在前文談過，不再贅述。

圖左：宗周鐘及銘文拓墨。國立故宮博物院收藏。
圖右：商代晚期銅鼎繪圖範例。

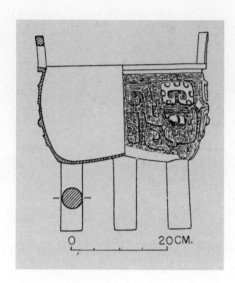

0   20CM.

「銘文」是重要的考古文獻資料，青銅器的「銘文」部位各有不同，例如：鼎與盤是在腹內，爵則在鋬下，因此也增添了拓塌的困難，古器物學家陳介祺在「傳古別錄」中說：

「上紙有極難者，鼎腹為甚，必須使紙摺皺不在字而已，紙不佳，則尤易破。…… 器之深者以竹葦縛撲包拓之，暗處以鑷鉗包探拓之。爵鋬內以扁竹角加少許棉拓試之。」[11]

每一件古代青銅器都是國之重寶，在所有出土古器物中，青銅器也是最難保管的一種，從事考古技術的工作者對這些國寶，無不盡心盡力呵護，使得這些寶貴的考古資料能提供給更多的專家學者做更深入的研究。這才是考古工作的終極目的。（本文作者從事考古技術工作，曾為中央研究院歷史語言研究所考古館編審）

註釋
1. 參閱郭寶鈞著：中國青銅器時代，台北板橋駱駝出版社出版
2. 參閱李濟著，萬家保譯：中國文明的開始，台北市商務印書館印行。
3. 參閱蕭璠著：先秦史，台北長橋出版社出版。
4. 石璋如著：殷墟建築遺存，對夯土的解釋是：「夯土是一種質地堅密，用器械壓打成功的硬土」，參閱中國考古報告集之二，中央研究院歷史語言研究所出版。
5. 參閱陳介祺著：傳古別錄，收入美術叢書二集二輯，台北藝文印書館印行。
6. 參閱劉萬航著：青銅器賞析，行政院文化建設委員會印行。
7. 參閱李濟，萬家保合著：古器物研究專刊第一本：觚形器研究轉引，中央研究院歷史語言研究所出版。
8. 參閱石璋如著：殷代車的研究，收入東吳大學中國藝術史集刊第九卷，台北東吳大學出版。
9. 同 6
10. 蠟墨較一般蠟筆硬，篆刻家用來拓印邊款，一般美術用品社有售，日本鳩居堂所製蠟墨名為「石花墨」。
11. 同 5

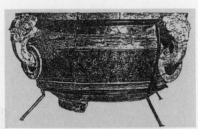

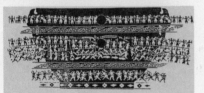

肆、復原篇

一、器物復原

田野考古發掘，無論所獲得的是古器物，或是遺跡現象，如果不夠完整，就要進行復原工作。

一件古器物，殘缺一部份，可以依照已存的實物來進行復原，如果已存的部份，在出土時已碎成若干碎片，必須先把碎片予以鬥合起來，再進行復原工作，此時需要注意的是：切勿與其他器物碎片混在一起，以免鬥合時增加困擾。

拼鬥器物碎片，依照質地，色澤，紋飾，製造紋痕等要件來進行鬥合，可以說是一件事倍功半的工作，尤其是陶器碎片，色澤相差不多，又少有紋飾，製造紋痕也不明顯時，就更難以下手了。

青銅器破碎片由於質薄，紋飾繁複，拼鬥起來也不容易。例如：河南汲縣戰國墓葬中出土兩件青銅鑑，出土時已經破成很多碎片，經過拼合復原，才可以看出器物全貌。這兩件青銅鑑器身滿佈紋飾，紋飾圖案是用另外一種金屬鑲嵌而成的，紋飾的主題是水陸攻戰，為了更清楚顯示紋飾的內容和佈局，又進行了一次器物紋飾展開的復原。

圖左：河南汲縣出土青銅鑑及鑑身紋飾的復原。採自台灣大學考古人類學刊第四十一期。
圖右上：殷代鑲嵌石嵌片的木器局部。採自中國考古報告集「侯家莊」。
圖右中：殷代木器紋痕「花土」。採自中國考古報告「小屯」。
圖右下：本文作者繪，殷代出土的「干」。採自中國考古報告「小屯」。

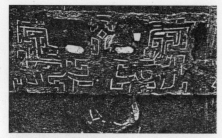

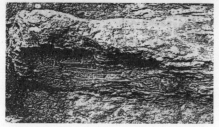

二、現象復原

在出土器物中，有些本身並無殘缺，但是它仍然不是成器，因爲它是另外一件器物上的配件。例如：河南安陽殷墟出土有很多小型石器，這些小型石器也是完整無缺的，它是屬於另外一件器物上的配件，一般叫它「嵌片」，是用來組成紋飾圈案，來鑲嵌在另外一件器物的表面上，嵌有圖案的器物早已朽毀了，石嵌片也都散落下來，這件朽毀的器物形制必先復原，才能使這些石嵌片所組成的紋飾圖案有機會恢復舊觀。

對於現象的復原，比較器物的復原，似乎更要困難些，因爲現象的出現，在田野是短暫的，必須立即利用繪圖攝影或是錄影拍攝現場狀況，因爲田野現象很難像器物一樣來探集的，如果不能立即捕捉，就會消失了。

在殷墟發掘，曾遇到有已經朽毀的木器，由於這些木器上原有雕刻彩飾的圖案，木器雖已朽毀，彩飾的圖案卻反印在土塊上，對於這樣的現象，當時田野工作的人給它取了一個俗名叫「花土」，這些有花紋的土，是木器的紋痕，只要再一翻動，現象就會消失了。

在殷墟發掘的一座墓葬之中發現了一件「干」，就是我們俗稱的「盾牌」，已經朽毀，但留下了很完整的痕跡，上面畫了一對直立的獸紋，由於它的痕跡完整清晰，根據這個現象復原成殷商時代的「干」。

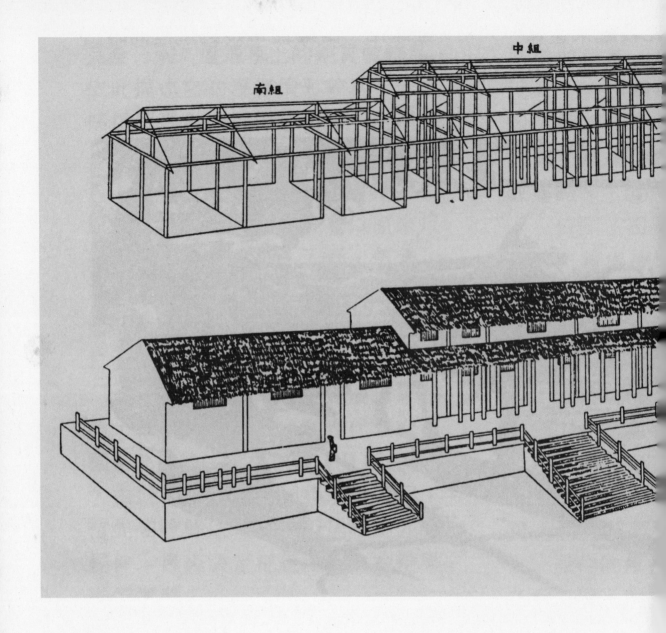

南組　中組

殷代建築的復原。本文作者繪。

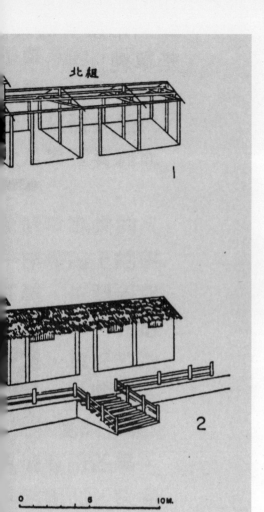

三、建築復原

考古學家李濟博士曾說：「中國建築利用磚石，是商朝以後的事，殷商時代的建築材料，除了木材及若干易毀滅的其他材料外，最主要的是就地夯打出來的版築土，「夯土」是安陽的土話，略等於文言中的「版築」；但所包涵的意義要更廣些。自伊朗以西以至地中海東岸，在公元前七十個世紀的前後，新石器時代的農人，已經砸土作他們的住屋了。在這一帶的考古家叫這些砸打出來的土塊及地層為『丕宰』（Pise）。但是這一種建築材料，到了文明開始的時候，在中亞與西亞就漸為磚與石所替代。只有在中國，版築的方式，一直用到營造宗廟宮室陵寢這些大建築上去。」[1]

古代建築是少不了使用夯土的，那麼凡是有夯土的地方，也必然會有古建築的遺跡，同時也會有古代文化遺存，因此初期的殷墟發掘，一路都在尋覓夯土。在安陽小屯村發現了很多用夯土築成的基，同時在基上又發現了成排成組的石礎。

對古代建築有深入研究的考古學家石璋如院士說：「基礎一辭不知起自何時，但是在殷代已經是有普遍存在的事實。基是用土打成，故基字下作土，礎是取河卵石來用，故礎旁從石，建築的程序，係先打基後置礎。在殷代建築遺存中除被後世擾動者外，有基無礎則基可能是壇，有礎無基則礎當非豎柱之用；故殷代的建築有基必有礎，並且礎石排列的形狀，可辨出建築種類來。[2]

筆者隨石教授作過幾處殷商建築復原工作，如何來復原殷商時代的建築物，首先從基礎下手，在安陽小屯村發現了很多處基都是用夯土築成的，田野工作的人叫它「夯土台

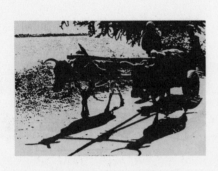

圖左：現代東南亞各地使用的單轅牛車。
圖右：殷代車乘的復原圖。採自東吳大學中
國藝術史集刊第九卷，本文作者繪。

子」，上面排列有礎石，是用來豎立柱子的，從「夯土台
子」，的長寬可以知道建築的平面尺寸，從礎石的排列可
以知道柱子豎立的位置，先從已知的部份用模型做實驗，
求得整座建築的概念。

先把「夯土台子」照比例縮小為五十分之一，畫成平面圖，
然後利用小學生工藝課使用的「普利龍」板，比照「夯土
台子」的長寬高度，按照比例裁成，再測量每一個礎石的
位置距離，按照發掘現象位置排列，在「普利龍」板上每
一個礎石的位置畫一個圓圈，全部礎石位置畫好之後，利
用細竹筷當作柱子，在每一個礎石上立起一根柱子，「普
利龍」板上插竹筷並不困難，很快就把這座基址上的柱子
豎立起來了。

柱子豎立起來之後，再復原樑架， 屋頂，牆壁，走廊，
台階，經過很多次研究討論，這座模型也是經過多少次拆
建，建築復原工作必須是主持研究的人和技術人員相互配
合，有新的發現，技術人員就要盡快提供新的模型或繪圖
來供研究，使得早日獲得結論。

建築的復原，「夯土台子」上除了礎石之外，很少有其他
遺物摻雜其中，這類復原工作的進行時，雖然常須拆改模
型，比較起來還算是單純。

如果在田野發掘，出現在一個坑中，除有各種器物之外，
還有人骨和獸骨，同在一個坑內出土 ，這種複雜的現象
復原起來，就不是簡單的工作了。這裡所說的就是殷代的
車坑，它是有人有馬，隨整輛車子埋入的。

車已經朽腐了，眼前所看見的是車上的青銅配件，因爲車杠銅配件散落下來，車上乘員有三位，每人有不同的兵器和裝備，駕車的是兩匹馬，馬身上也有各式配件，這些都在一個編號 M40 的坑裡同時出現。

「M40 的這輛車，由立體的形式變爲平面交集，所有車上的木質，完全朽腐，僅遺車上的銅質裝飾品，依此描述它的現存情形較易，若根據這個現象即行把它復原，便不是一件簡單的事了。」[3]

筆者隨石璋如教授做 M40 的復原，首先依照 M40 的長寬以原來尺寸繪製出土現象圖，人骨，馬骨，車馬配件和武器，都按照原尺寸繪出，然後再把出土實物，依照出土位置放置，作全盤觀察。

殷商時代的車乘，是屬於單轅的，車轅只有一條，和現代東南亞國家使用的牛車相類似，由於古代車乘形制與現代

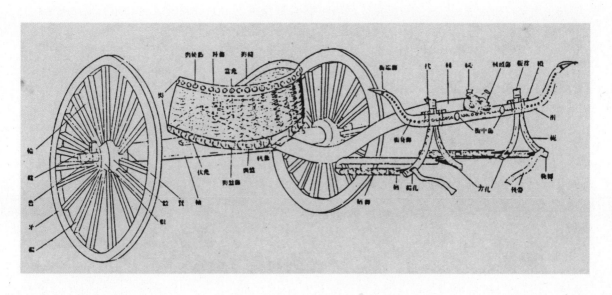

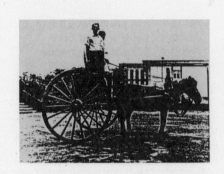

不同，首先要瞭解這些車器用途和馬匹的配件，最後決定把紙面研究的結果進行實驗。

石教授說：「研究自然科學著重實驗，考古學的研究又何嘗不著重實驗呢！沒有實驗的結果做根基，理論是飄浮的，反之沒有理論作領導，實驗又從何著手呢？故兩者不可偏廢。」研究殷代的車，最後階段，就是靠著實驗而改進的。[4]

依照在田野測得 **M40** 車乘的尺寸，先繪成復原圖，作理論上的研究，最後決定進行實驗，依照研究結果開始打造一輛殷代的車，在造車階段，隨時修正疑點，車終於造成。我們為了駕車的馬，走訪了一次圓山動物園，經過動物園的介紹，發現當時在圓山騎馬場有兩匹馬，身高體長與 **M40** 馬骨骼相似，決定請牠們擔任駕車任務。

殷代的車乘，每車有三名乘員，各配刀礪，左方乘員持戈負責近攻，右方乘員備有弓箭負責遠射，居中者則專心駕車是為馭者。圓山騎馬場的馬匹來到，我們把復原成功的殷代車乘運出室外，套上兩匹馬，並且也在車上站立了三個人，就在傅斯年圖書館門前廣場開始試車，兩匹馬拉著這輛車跑了一個來回。

殷代車乘的複製試車情形。
．．

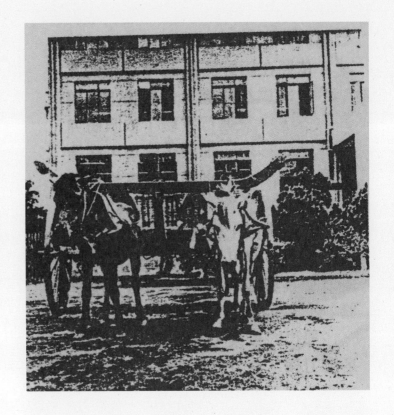

北平有句俗話說：「家裡打車，外頭合轍。」經過一段漫長的時間，研究每一件車器，以及車的結構，從繪製復原圖，到實驗，這些辛勞沒有白費。

田野考古技術工作，協助考古研究人員，從調查，試掘，發掘，出土現象和器物整理，最後到復原，完成報告，這一件考古工作才算完成，擔任技術工作的人此時此刻也會分享到一些成果的欣慰。（本文作者從事考古技術工作，曾為中央研究院歷史語言研究所考古館編審）

註釋：
1. 參閱中國考古報告集「殷墟建築遺存」李濟序文，中央研究院歷史語言研究所出版。
2. 參閱石璋如著「殷代地上建築復原的第三例」台灣大學考古人類學刊第三十九、四十期合刊。
3. 參閱石璋如著「小屯第四十墓的整理與殷代第一類車的初步復原」中央研究院歷史語言研究所集刊第四十本。
4. 參閱石璋如著「殷代車的研究」東吳大學中國藝術史集刊第九卷。

從香港乘火車去北京

吳文彬

自從開放大陸探親訪友以來，曾不止一次去北京探親訪友，尋覓往日小吃，回味童年，無限快慰。搭乘飛機經濟艙，我這肥胖身材，入座後動轉難移，在香港換機，要先入境再出境，沒有離開香港機場一步，也要花上一天時間才到北京。現在雖然有直航，但是航班有限，不一定符合我的行程，直航要四小時航程，卡在坐位上很不舒服，年紀大的老人，起飛落地會頭暈，更何況台北與北京冬天氣溫相差很多，飛行中無法更換衣服。因此視搭飛機為畏途。

小兒吳俊服公職，去年年終尚有七天餘假未休，願意陪我再去北京，特別設計了一趟新的旅程，我們先搭飛機到香港，再轉搭九龍直達北京西站的火車，這一趟坐火車去北京的經歷，願意提供各位鄉長參考。

在香港不必出機場就有地鐵直到九龍，連人帶行李箱一登車直到九龍火車站，進站後剪票時間尚早，在咖啡座休息，車站中有電扶梯上下方便進入月台，找到我們的車廂，車內一間間包廂，每間包廂都有門，二人臥舖，上下床舖，有潔白枕被，車窗有窗簾，窗前有小桌，桌上有暖水壺，已裝滿熱水，桌旁有沙發，沙發後有小衣櫃，並置有小保險箱，另有獨立廁所及洗手台，上下臥舖壁上均有小型電視，不亞如一間小套房，想坐想躺想睡，自由自在不受拘束，餐車就在下節車廂，可以點菜現炒現做。

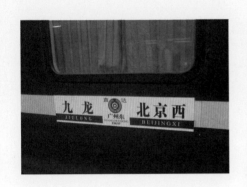

上車時仍有冷氣空調，我們依然是在台灣的穿著，進入華中地區則改放暖氣，下午三時開車，全程約二十四小時次日下午三時抵達。

車經深圳到廣州停下來加掛車廂，爲大陸乘客之用，我們在香港上車並未辦理大陸入境，因此不能中途下車。注視窗外，天色已經暗下來，火車徐徐前行，見包廂內有電源插座小兒隨身攜帶筆記電腦接上網路，車行漸速，窗外一片漆黑，小站不停一幌而過，黑夜看不清站名，偶見郴州字樣，原來已進入湖南地界。

餐車已過晚飯時刻，空位很多，點兩菜一湯，原以爲是廣東口味，不料菜鹹飯硬，仍是大陸北方口味，飯後回包廂一直喝水喉乾不已，吃喉糖舒解，未久入睡，車經長沙我在夢中，喝水太多半夜小便時車抵武昌，武昌車站寬廣，燈光明亮，少見乘客，此時已凌晨四時，火車離站輕輕搖擺中又入睡，進入河南碻山、許昌，抵鄭州，車向北行來到岳飛故鄉湯陰已天亮，至安陽，回想到在中央研究院工作三十年，隨考古大師李濟、董作賓、石璋如、高去尋，諸位先生整理殷墟出土古物，編輯安陽考古報告，從車窗望見安陽很多工場房舍，小屯村傳爲殷代都城所在，出大量甲骨記載先殷很多史實，如今淪爲不停車的小站，望不見那些出土遺址在何方，只見秋後已收割的農田一幌而過，腦中仍在回憶殷墟，車已到磁縣進入河北地界，來到

九龍到北京的直達車，可以在網路上搜尋 Z97/98 的車班號碼，應該可以得到資訊。這張照片是由網路上獲取的。

邯鄲，想到京劇中的「將相合」一句「老將軍擋道」藺相如的車乘轉入小巷而去，劇情令人感動，戰國時代這是趙國的都城，如今也是不停車的小站。

河北省政府如今遷到石家莊，因此成為停車的大站。往北來至望都已近保定，昔日稱為保定府，有三寶：鐵球、麵醬、春不老。省政府當年在天津，後來遷到保定，現在又遷到石家莊。車過徐水，離北京已不遠，進入石景山、豐台已是北京市區，我們打開行李箱換穿冬季衣服及厚外套，北京西站到了，拉行李箱出站，我誤以為是當年前門西站，四顧盡是高樓，路名也不熟悉，原來此處是在西便門外新建的車站。

這一趟火車之旅，雖然費時，對我這樣老年人來講比搭飛機經濟艙便宜又舒服，這其中有些瑣事必須注意，暖水瓶用完熱水需向車前端熱水籠頭自己灌水，床頭電視有影無聲，途中自行停播，廁水如連續使用，第二次則無水沖洗需待片刻再用，洗手盆雖有，但無熱水洗臉，更需自備牙刷牙膏肥皂手巾等，暖水壺雖有但無茶杯，這些隨手用品不能不帶，火車經過那些站，包廂外另有公告，字小看不清只有停靠大站站名，途經何處卻不得全貌，建議如搭乘此車先熟悉一下沿站地理，會更有趣味，票價每人千餘港幣較飛機票價便宜，既是出遊無需強趕時間，尤其老年人不致於旅途勞頓，床舖可安然入睡。

如果能夠如日本鐵路旅行觀光，開放大都市可以下車出站觀光，時間再作調整，沿途經過廣東、湖南、湖北、河南、河北五省，必然是最佳觀光旅程。

河北平津文獻第三十六期，2010 年

....

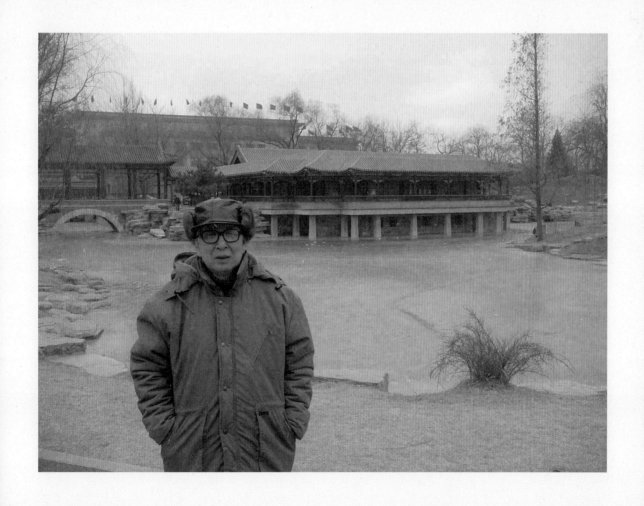

吳文彬的人生里程

吳
傑

簡歷

1923	出生於北平。
1939	參加雪廬畫會。師從晏少翔習人物畫。當年畫展， 被新北京報報導。
1944	入國立北平藝專。
1947	首次個人展覽於北平中山公園董事會展出。
1948	來到台灣。
1961	入中央研究院歷史語言研究所考古館。
1965	台灣首次個人展覽於台北市中山堂。
1991	創中華民國工筆畫學會，擔任創會理事長。
1994	舉辦海峽兩岸工筆畫大展。
1995	舉辦「吳文彬七十回顧展」於台中省立美術館。
1996	獲頒第三十三屆「畫學金爵獎」。
1996	舉辦海峽兩岸工筆畫大展，聯合兩岸的工筆畫家， 開創華人世界工筆畫未有的榮景。
2013	年病逝於台北榮民總醫院，享年九十。

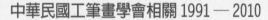

中華民國工筆畫學會相關 1991 — 2010

· 創立中華民國工筆畫學會於 1991 年。
· 擔任創會首任理事長 （1991～1995）、第二任理事
  長（1995～1999）、第三屆理事兼出版編輯委員會主
  任委員 （1999～2003）與第四屆常務理事（2003～
  2007）。後期之榮譽理事長。
· 舉辦首兩屆海峽兩岸工筆畫大展於 1994 與 1996 年，
  並參展於第三與第四屆海峽兩岸工筆畫大展於 2005 與
  2011。
· 參加年度展覽於國父紀念館與中正紀念堂等處，長達
  十八年（1992～2010）。

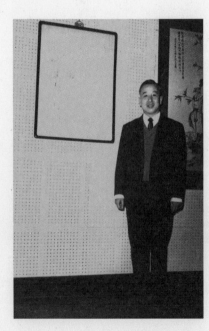

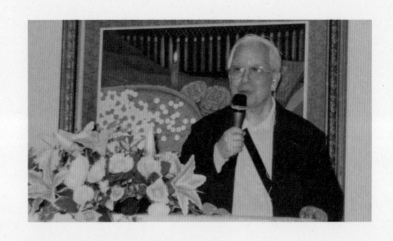

國立台灣藝術教育館相關 1989 — 2010

· 國立台灣藝術教育館,擔任國畫老師二十一年（**1989 ～ 2010**）。這其中參加國立台灣藝術教育館舉辦之畫展次數,無法計數!作品多被國立台灣藝術教育館收藏。

台灣省立美術館相關 1988 — 1997

· 現今之台中國美館。
· 台灣省立美術館,參加開館展覽（**1988**）。舉辦「吳文彬七十回顧展」（**1995**）,其中三幅畫作被收藏。
· 擔任典藏委員,共計兩屆。（**1991 ～ 1997**）。

國父紀念館相關 1975 — 1978

· 國父紀念館收藏兩幅畫作（**1975、1978**）。
· 獲聘逸仙畫廊籌備委員會籌備委員（**1976**）。

台北市立美術館相關 1984 — 1991

· 台北市立美術館,擔任國畫老師四年（**1987 ～ 1991**）。
· 畫作「護雛圖」被收藏（**1984**）。

全國美展與全省美展相關 1962 — 2002

· 第十六與十七屆全省美展入選（**1962、1963**）。
· 教育部主辦之全國美展,從第六屆開始（**1971**）到第十六屆（**2002**）受邀參展（免審查）。其中,擔任第十三、第十四與第十五屆籌備委員。

中央研究院康樂會相關 1975 — 1989

· 中央研究院康樂會國畫講席十四年（**1975 ～ 1989**）。
· 多次舉辦院慶書畫展。

圖左：父親五十四年個展留影。
圖右：海峽兩岸工筆畫展。

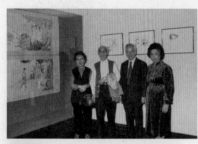

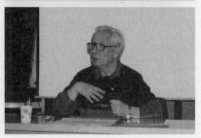

中國美術協會相關 1980 — 1995

· 擔任理監事長達十年（**1985 ～ 1995**）
· 參與年度展覽於國父紀念館等處長達十五年（**1980 ～ 1995**）。

韓國相關 1998 — 2009

· 獲邀參加韓國文化藝術研究會舉辦之亞細亞國際美術招待展，共十七次，前後達 **21** 年（**1998 ～ 2009**）。
· 民國七十四年（**1985** 年）應邀赴韓國漢城市舉行吳文彬個人畫展，並訪問漢城藝術社團。

三人行藝集相關 1979 — 1987

· 與張光賓先生董夢梅先生，舉辦「三人行畫展」於省立博物館，共三屆。（**1979、1981、1987**）。

湖社畫會活動相關

· 如晏少翔、鍾質夫、季觀之等在北京成立的"雪廬畫會"就招收學員，傳授中國畫技藝。現今在臺灣的著名工筆畫家吳文彬先生，最初就是當年"雪廬畫會"的學員。
· 遼寧湖社畫會的第一次展覽是在 **1990** 年 **10** 月 **16** 日於魯迅美術學院美術館舉行的，吳文彬先生帶臺灣工筆畫學會的部分畫家也來瀋陽參加盛會。
· 第三次展覽是 **1994** 年 **2** 月遼寧湖社畫會與吳文彬任理事長的中華民國工筆畫學會聯合，在臺灣藝術教育館中正藝廊舉辦的。遼寧湖社畫會送去五十多件作品參展。由臺灣出版了《海峽兩岸名家工筆畫專輯》畫集，臺灣藝術教育館館長張俊傑先生在畫冊前言中，談及東北和大陸各地區近十年工筆畫發展的大好形勢。
· 第四次展覽是 **1996** 年 **6** 月在臺灣藝術教育館中正藝廊舉辦的"海峽兩岸名家工筆繪畫展"，大陸瀋陽、北京、

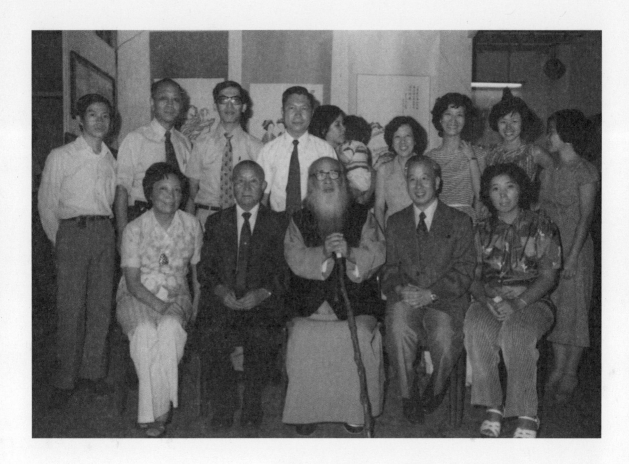

天津、南京畫院、西安畫院、杭州中國美院、湖北美院、
哈爾濱畫院的書畫家都有作品參展，臺灣出版了《海峽
兩岸名家工筆繪畫展》畫集。

・以上文字節錄自「百度百科」，有關於「湖社」的資訊中。

其他藝術活動

・1977 年，應邀與張大千、黃君璧、傅狷夫、季康、程
芥子、江兆申、歐豪年等合作〈以至仁伐至不仁圖〉長
卷，並在台北故宮博物院展出一個月。
・1978 年，應邀與張大千、劉延濤、馮諱夫、梁又銘、
陳丹誠、李奇茂、歐豪年、梁秀中等合作〈臥薪嚐膽〉
巨畫，在台北歷史博物館國家畫廊展出後，又陳列於台
北松山機場。
・畫作〈畫龍點睛〉，被高雄美術館收藏。
・1990 年，作品被魯迅美術學院收藏。
・2003 年，獲邀參加遼寧湖社畫會會員作品展。

圖左上：三人行畫展，1981 年與石瑋如先
生夫婦。
圖左下：父親受邀講課。
圖右：父親學生畫展，張大千先生蒞臨。

吳文彬的線上紀念館

吳
傑

父親於 2013 年 9 月 15 日，在台北榮民總醫院過世了。為了想要保存與流傳他的作品與理念，我必須要全力以赴的努力！畢竟，我真的不懂這些畫作與理念。從頭再學也真的來不及了。不過，從旁來說，我在資訊服務業工作了近三十年，利用互聯網與其他電子化的技術來推廣這些作品與理念，應該不是難事！

說不是難事，那是自我安慰！老爹留下的東西何其的多，捐獻給國家圖書館的稿件，就超過了四千件！還有，作品、手稿、文章等等……我當時是雇了搬家公司來搬運的。目前，僅僅是拍照，就超過了三千幅……

目前在互聯網上成立了一個吳文彬線上紀念館 rememberwwb.org，這一個紀念館是一組網頁所構成的。最主要的是引導讀者進入「懷念老爹－吳文彬」這個部落格內去找到他有興趣的內容。「懷念老爹－吳文彬」部落格，目前主要是利用 Wordpress 與 Blogger 兩個系統，內容相互備援。其他的，如 YouTube、Google 雲端硬碟與 Flicker 系統都牽涉其中。

讀者未來應該只要記得 www.rememberwwb.org 這一個主頁就可以了。remember 是追憶的意思，加上 wwb 是吳文彬的拼音縮寫。.org 表示是一個非營利的組織。所以，未來所有的資訊，將會透過這一個紀念館的主頁來發布，包含已經成立 Facebook 的粉絲頁。也同時，如果還是記不得這一個網址，就用 Google 搜尋吧！一定可以找得到的。

吳傑
2017 年 4 月

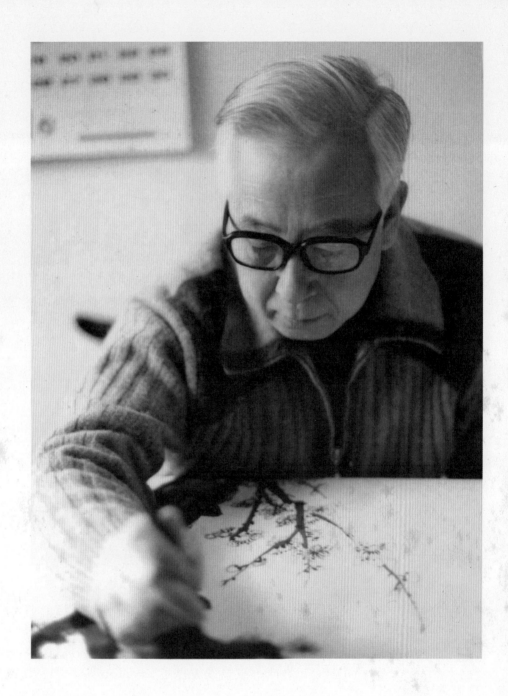

圖左上：吳文彬線上紀念館的 QR Code。
圖左下：Google 搜尋的 QR Code。您不妨用手機試試看。
此外，不要忘記使用 Facebook，可以找到他的粉絲專頁，
https://www.facebook.com/rememberwwb/

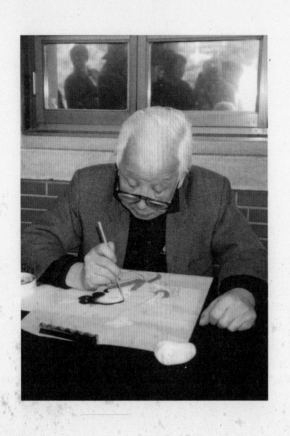

驀然回首：吳文彬的八八自述 / 吳文彬著.
-- 初版 . -- 新北市：吳傑, 2017.09
　面；　公分
ISBN 978-957-43-4895-4 (平裝)
1. 書畫 2. 作品集
941.5　　　　　　　　　106015665

驀然回首 ─ 吳文彬的八八自述

出版者：質園書屋
　　地址：台北市南港區中研院郵局 107 號信箱
　　電郵：root@rememberwb.org
著　作　者：吳文彬
編　　　輯：吳傑
藝術總監：康志嘉
設計總監：王建忠
美術設計：林宜庭
美術編輯：意研堂設計事業有限公司
　　地址：新北市中和區中安街一零四號二樓
　　電話：○二─八九二一─八九一五
　　傳真：○二─八九二一─八九一七
訂　　　價：新台幣五○○元
出版日期：二○一七年九月